戦火の中のオタクたち

OTAKU iN WAR

天川まなる［マンガ］
條支ヤーセル［文］
青山弘之［監修］

晶文社

装丁●岩瀬聡

戦火の中のオタクたち

目次

1章 シリアに日本アニメ・漫画オタクがいた

2章 シリアの最新アニメ事情

3章 ネットで交流！ シリアと日本のオタクたち

4章 日本に来てオタクに目覚める

5章 シリアと日本、表現文化の違い

6章　シリア内戦の複雑な事情

7章　シリアのオタクコミュニティーアンケートから

8章 戦火の中のオタク活動

9章 オタクの愛は海を越える

1章◎シリアに日本アニメ・漫画オタクがいた

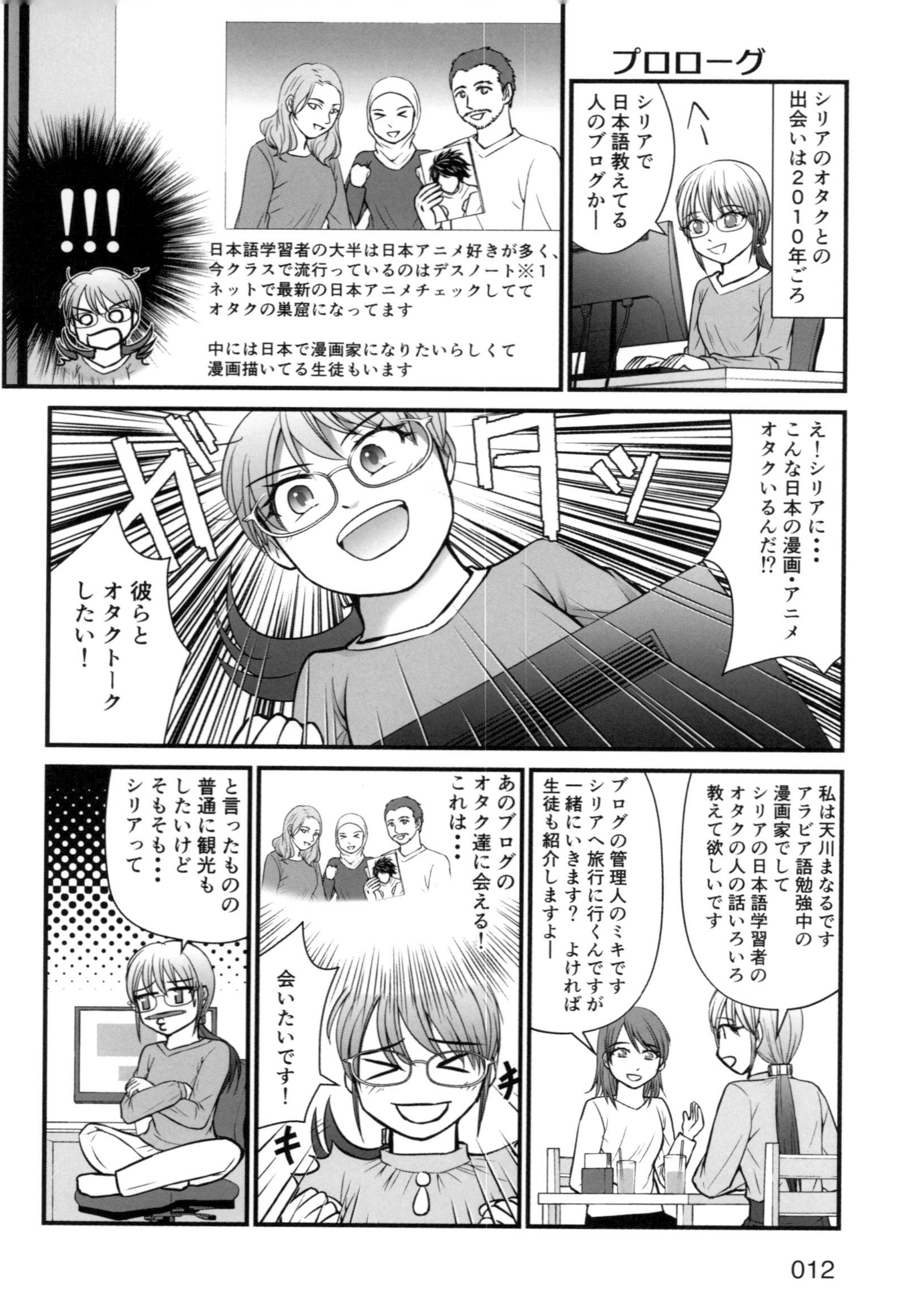
プロローグ
シリアのオタクとの出会いは2010年ごろ
へー
シリアで日本語教えてる人のブログかー
日本語学習者の大半は日本アニメ好きが多く、今クラスで流行っているのはデスノート※1
ネットで最新の日本アニメチェックしてててオタクの巣窟になってます
中には日本で漫画家になりたいらしくて漫画描いてる生徒もいます
!!!
え！シリアに・・・こんな日本の漫画・アニメオタクいるんだ!?
彼らとオタクトークしたい！
私は天川まなるです アラビア語勉強中の漫画家でして シリアの日本語学習者のオタクの人の話いろいろ教えて欲しいです
ブログの管理人のミキです シリアへ旅行に行くんですが 一緒にいきます？ よければ生徒も紹介しますよー
あのブログのオタク達に会える！これは・・・
会いたいです！
キ
キ
と言ったものの 普通に観光もしたいけど そもそも・・・シリアって

何があるんだ!?
内戦前のシリアのイメージはほぼ皆無で
いやいや！シリアといえばパルミラ＊を代表する世界遺産いっぱいあるやん！
コレ！
歴史好き友人
歴史疎いからよく知らないてかパルミラってなんの遺跡？
シリアは人がいいよ！某エジプトと比べてうざくないし！最高！
ステキ
旅好き友人
ぜんぜん某になってない・・・
やっと着いた！シリアのダマスカス！
わ〜い!!
ミキさんよりも先に来たけど生徒さんを紹介してもらっておいたから会いに行こうっと
私が日本語を勉強しているダマスカス大学に行きましょう！
ぜひ！
ブログの舞台の日本語教えてた大学！オタクの宝庫に行けるとは！
彼は漫画家志望のイヤードさんです
私の描いた漫画見てください！
シリア人の描いたマンガはやっぱりシリア人が主人公のマンガかな？　楽しみ〜

＊パルミラ　古代ローマ時代の都市遺跡

これ日本が舞台で主人公が日本人のマンガだ！
طيورُ الأوريغامي هذه التي أضحكتكَ ستُنهي كلَّ مكاسبكَ ولن يسعفك الندم
なんと!!
アニメの世界が日本オンリーだからマンガ=日本なのかな!?
もしかして日本人の方ですか？私はここで日本語教えてるオノです
はい！そうです！漫画を仕事にしてましてして
もしよければ…マンガのワークショップしてもらえませんか？
あっ！
シリアって日本人少ないのでなにかできる人によく頼んでいるんですよ！
前はおりがみでした
日本文化紹介的にアニメとか人気ですし
ぜひ!!
日本文化も日本人もほぼない状態の地域で日本語を勉強しているって日本のものに飢えてるんだよね…なぜなら
今日は友達のサウジ人がゲストです！
ヤッターアラブ人ゲスト!!
Aダの留学生
私も日本でアラビア語勉強してて同じ気持ち！
やりましょう！紙と鉛筆さえあればマンガかけますし！
ありがとうございます！今から人を集めますね！

あれから1時間しか
たってないし
4、5人ぐらいかな
ガチャ
ひぃ！
30人ぐらい
いる！
ワーーッ
日本のアニメ
好きです！
私の描いたイラスト
みてください！
ワラワラ
アレッポに行くなら
そこでもお願い
します！
アレッポ大学
日本センター
ドーン
さらに！
3倍ぐらい
人が増えてる!!!
ぬおおっ
その後
遺跡めぐり
ミキさんとも
合流し観光もして
シリアの旅も
終わりか～
それにしても

日本と縁遠い
このシリアで
アニメが大好きで
それがキッカケで
日本語を勉強する
人がこんなにも
いるなんて・・・
知られざる
彼らの熱い
日本への思いを
日本のみんなにも
知って欲しい！
そのためにはもっと
シリアのこと知らないと！
日本に帰ったら
勉強しないと！
後日、ネットにて

條支《じょうし》さんシリア在住の
日本人なんだ！

マンガでシリアのこと紹介したくて
よければ
シリアの文化のこと
教えてください

いいですよー
時々日本に帰る
のでよければ
お会いしましょう
私はアニメとか
まったく疎くてよく
知らないんですよね
日本語学習者にたまに
会いますが
全然
話についていけないですね

作家は安藤鶴夫※2が好きで本は絶版になってますね落語などの作家ですね
キ
うう〜ん
落語・・・趣味渋い・・・・しかも昭和初期に活躍した人っぽい
そういえば奥さんはシリア人ですよね？日本語とかは
はっ
家ではほとんどアラビア語で会話なので日本語はわからないですね
妻もアニメは興味はないと思いますね・・・
日本語学習者でもなかった!!
條支《じょうし》夫妻がアニメにはまることは永遠になさそうだな・・・
アラブ関連の人でガチなアニメオタクってあんまり出会わないんだよねー
う〜ん
まあ條支《じょうし》さんには主にシリアの文化とか教えてもらうかーそれも面白い話いっぱいあるしー
1年後2011年3月各地でデモが広がり内戦状態へ
え！シリアで反政府デモ！
條支《じょうし》さんも家族と共に日本に住むことになり
まさか内戦になるとは・・・旅行に行った1年前には思いもよらなかったですよ
シリア人自身もみな同じこと思ってますよ
シリアの日本オタクも今は内戦だし・・・・

もう日本のアニメとか見てる場合じゃないですよね・・・
え？そんなことないですよ？むしろ外に出れないのでオタクはみんなアニメみてますすよ
むしろ内戦下でひきこもり生活ですしね～
え！
ちなみに私も日本に帰ってきてラブライブ※3にはまってラブライバー※4やってます
推しは黒澤ダイヤ
は!?
妻も日本に来てアニメにハマってコミケ※5とか行ってますね
コスプレ大好き!
どういうこと!

なのでシリア人
オタクとネットとかで
交流してますね
ギャ～
ちょっと情報量多すぎ!!
何があったの條支《じょうし》さん⁉
これは…もしや
長年描きたいと思ってた
シリア人オタク事情がより
深く描けるだけでなく…
内戦下における
オタク活動まで
わかるのでは⁉
内戦下のシリア人
オタクにインタビュー
したいです！
バッ
日本にいるシリア人
留学生日本アニメ
オタクに会いますか？
会います！
ということで
シリアの日本アニメ
オタクを通して
シリアの文化やオタク事情
内戦下の生活などを紹介します

用語解説

※1　**デスノート**
週刊少年ジャンプにて2003年から2006年にかけて週連載されたサスペンス漫画。原作・大場つぐみ、作画・小畑健。名前を書き込まれた者の行動を操り殺すことができる死神のノート「デスノート」をめぐる頭脳戦が描かれる。

※2　**安藤鶴夫**
昭和前-中期の作家、評論家（1908-1969）。「都新聞」などで歌舞伎、落語、講談の批評を行なう一方、作家としても活躍。戦中・戦後の東京に生きる講釈師や寄席芸人の人間模様を描いた小説「巷談本牧亭」で直木賞を受賞した（1963年）。

※3　**ラブライブ！**
2010年6月からKADOKAWA、バンダイナムコグループによって展開されているメディアミックス企画であり、スクールアイドルとなった女子高生たちが母校を廃校の危機から救うためにアイドル活動に奮闘する物語。

※4　**ラブライバー**
ラブライブ！の熱心なファンの総称。ラブライブ！を周囲に進める力（布教力）の強さに定評がある。

※5　**コミケ**
正式名称はコミックマーケット。1975年から東京都内にて開催されている日本、いや世界最大の同人誌即売会。ボランティアによって運営されており、現在は夏と秋の年2回開催されている。

（解説文・松城　liliput）

シリア旅行で食べたシリア料理と食べ物

主食のパン
クレープみたいな
薄い生地のパン
毎食ホブスは
欠かせない

シリアの簡単基礎データ

国名：シリア・アラブ共和国　　首都：ダマスカス
人口：1,820万人（04年推定）　面積：18.5万㎢（日本の約半分）

トルコ
シリア
中国
イラク
イラン
エジプト
サウジアラビア
パキスタン
インド
シリアの公用語はアラビア語！
わ〜り

イスラム教徒が多いですがキリスト教徒もいます
これどこの教会？
キリスト教地区って教会だらけでこの地図の目印の教会どれなの・・・
??
ん〜
気候は場所にもよりますがダマスカスを基準にいえばざっくり日本の東京・大阪に似ていて冬は寒く
たまに雪がふる
夏は暑いですが・・・湿度が低いのでカラッとしてます
日陰はすずしい〜
人種的にいろんな人いますが白人ぽい人も多数います
日本にいるとフランス人に間違えられますね
見分けろと言われたらわからない・・・
目と髪茶色
肌は白め
ブフッ・・・
農業・酪農が盛んで食べ物はうまい
シリア特有の羊美味しくて有名なブランド羊
シッポが大きい
メェ〜
もこっ
うまそ〜
毎日いいもんたべてて
うらやましい!!!
シリアのファーストフードはシャワルマ
ケバブラップ風
肉とやさい
うすいパンでまく
あの肉の積み方は美味しくない
ひゃ〜
それでわかるとはさすが地元民

↑監修の青山弘之先生

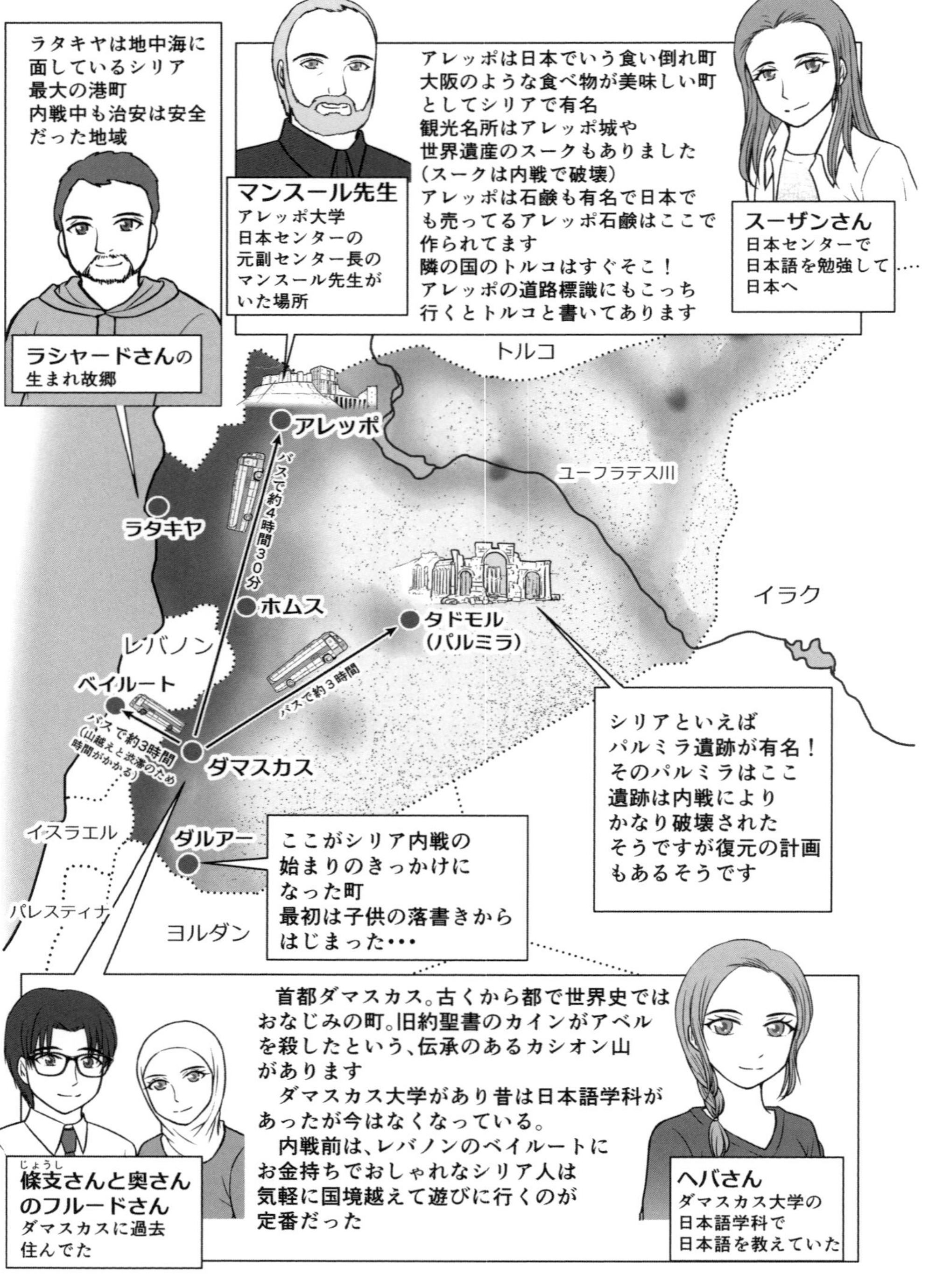
ラタキヤは地中海に
面しているシリア
最大の港町
内戦中も治安は安全
だった地域
ラシャードさんの
生まれ故郷
マンスール先生
アレッポ大学
日本センターの
元副センター長の
マンスール先生が
いた場所
アレッポは日本でいう食い倒れ町
大阪のような食べ物が美味しい町
としてシリアで有名
観光名所はアレッポ城や
世界遺産のスークもありました
（スークは内戦で破壊）
アレッポは石鹸も有名で日本で
も売ってるアレッポ石鹸はここで
作られてます
隣の国のトルコはすぐそこ！
アレッポの道路標識にもこっち
行くとトルコと書いてあります
スーザンさん
日本センターで
日本語を勉強して
日本へ
トルコ
アレッポ
ユーフラテス川
ラタキヤ
バスで約4時間30分
ホムス
タドモル
（パルミラ）
イラク
レバノン
ベイルート
バスで約3時間
バスで約3時間
（山越えと渋滞のため
時間がかかる）
ダマスカス
シリアといえば
パルミラ遺跡が有名！
そのパルミラはここ
遺跡は内戦により
かなり破壊された
そうですが復元の計画
もあるそうです
イスラエル
ダルアー
ここがシリア内戦の
始まりのきっかけに
なった町
最初は子供の落書きから
はじまった・・・
パレスティナ
ヨルダン
首都ダマスカス。古くから都で世界史では
おなじみの町。旧約聖書のカインがアベル
を殺したという、伝承のあるカシオン山
があります
ダマスカス大学があり昔は日本語学科が
あったが今はなくなっている。
内戦前は、レバノンのベイルートに
お金持ちでおしゃれなシリア人は
気軽に国境越えて遊びに行くのが
定番だった
條支《じょうし》さんと奥さん
のフルードさん
ダマスカスに過去
住んでた
ヘバさん
ダマスカス大学の
日本語学科で
日本語を教えていた

シリア人の裏表

ダマスカスに住み始めてしばらくした頃、現地の友人が家に遊びに来たことがありました。彼に「コーヒーでも飲む?」と聞くと、「ここの人々に飲み物をすすめる時は、『お茶かコーヒー、どっちがいい?』と聞いた方がいいよ」とアドバイスされました。「『コーヒー飲む?』は、『早く帰れ』を意味する場合があるから……」というのです。

シリアで食事に招待されると、食後、紅茶とお菓子が出て来ます。それが済み、最後に出てくるのがコーヒー。コーヒーを飲み終えたら、あまり長居をしないのがマナーなので、来たばかりの人にコーヒーをすすめることは「あなたに長居してほしくない↓早く帰れ」というメッセージになりかねないのです。「コーヒー飲む?」という表現は、シリア人の「裏表」の一端を示す言い回しのように思えます。

シリア人は概して、人当たりの良い人が多く、旅行者や短期滞在者にとっては、シリアは居心地が良く、シリア人は付き合いやすいように感じられます。が、長期で滞在し、シリア人と深く付き合うとなると、彼らの「裏表」に注意深くならざるをえません。彼らの真意をはかりかねると、思わぬところで恨みをかうなど、トラブルになってしまうのです。

数年前、エジプトの首都カイロに亡命したシリア人に会った時、彼が「エジプト人と付き合って、ストレートに物を言うことの大事さに初めて気づいた」と、シリア人(特にダマスカスなどの都市住民）の「裏表」について話し出しました。

「様々な文明が栄え、様々な人々が行き交ったシリアの歴史は、私達にとって誇りだが、それは同時に苦難の道のりでもあった。この地を巡って戦乱が繰り返され、為政者は目まぐるしく変わり、多種多様な人々と文化がこの地に入った。動乱は、20世紀にシリアが独立してからも続いた。こうした過程で、人々は本音を隠して、穏当に生きて行く術を身に着けた気がする。表面的には平和的・友好的な町だが、所どころに人を陥れる暗い穴が口を開けている……。そういう町に暮らしていると、少しがさつでも、腹蔵なく話し合える人々がいる町が、羨ましくなる時があるんだよ……」

彼は一時期、反体制運動に加わったものの、組織内部の主導権争いに巻き込まれ、運動を離れたということでした。反体制系のメディアで反体制諸派の分派や内部抗争のニュースを読むたび、彼のことと、カルダモンの入ったコーヒーの香りを思い出します。

シリアの移民・出稼ぎ事情

外国在住のシリア人、またはシリアに出自を持つ「シリア移民」は、全世界で１７００万人以上いるとされています。内戦前のシリアの人口は２１００万人前後であり、シリア国内の人口の約８割に相当する数のシリア人が、外国にいることになります。

ダマスカスに住む私の友人は6人兄弟ですが、そのうち2人がカナダに移住、1人はフランスに移住、1人はイエメンに出稼ぎ、もう1人はエジプトに出稼ぎ、ダマスカスに残っているのは1人だけ、という状態です。こうした家族は決して珍しくなく、むしろ、きょうだいや親戚全員がシリア国内に住んでいる家族を探す方が難しいです。

シリア人の外国への移住が盛んになったのは20世紀初頭で、主な行先は北米・南米でした。タイタニック号の乗客には、北米に移住するシリア人が乗船していたことが知られています（大半が3等の乗客だったため、その多くが亡くなったそうです）。第二次世界大戦後、シリア、そしてアラブ諸国の政情が混乱していた時も、多くのシリア人が米大陸に移住しました。アップル創業者スティーブ・ジョブス氏の父、アブドルファッタータ・ジャンダリ氏もその1人です（留学目的で米国に渡り、その後定住）。

アラブ湾岸諸国、北アフリカ諸国には、就労（出稼ぎ）や商用目的で定住しているシリア人が多くいます。移住が始まった1950年代は、学校の教師、現地政府の職員といった職種が多かったようです。この頃は、湾岸諸国の王族とも比較的簡単に知り合いになれたようで、小学校教師だったシリア人が、王族の知遇を得てビジネスを始め、今では大富豪になっている……という話を何度か聞いたことがあります。

2章◎シリアの最新アニメ事情

好きなアニメ・漫画は何？
関東の大学に留学中のシリア人日本アニメオタク
ラシャードさんと
スーザンさんです
早速ですが日本の好きなアニメとか漫画ってなんですか？
フェイト※1や鬼滅の刃※2が好きです
ウンウン!!
私はスラムダンク※3とかジョジョ※4が好きです！
ディオが好き
スポーツ物のアニメも人気だよねどの辺がいいのか後で聞いてみよう
あとは最近なら宇崎ちゃんは遊びたい！※5かぐや様は告らせたい※6好きです
え〜っ
今流行りのアニメですね！どの辺が好きですか？

宇崎ちゃんは遊びたい！の宇崎ちゃんのキャラの明るい性格で面白い行動を取るのが好きです
せんぱ～い
日本アニメオタクって日本で流行ってるアニメと時差なくチェックしてるけどどうやってアニメ見てるのかな？
お二人は日本アニメとの出会いの作品はなんですか？
私はドラゴンボールZ※7とかですね！コピーDVDで見ましたね
海外オタク事情で外せないネタだよなシリアのコピー事情
スーザンさんは？
私はキャプテン翼※8とかグレンダイザー※9に未来少年コナン※10ですね！
オオ!!
日本ではマイナーなのになぜか中東で人気のグレンダイザー！いつぐらいから人気なのか知りたい！
私は18歳までドバイにいましてドバイで漫画の本も買ってました
え！もしかしてアラビア語版の漫画の本かな？
本大好き♡
シリア人って親が海外で働く人が多くて海外育ちの人も多いんだよね
僕は18才までクェート
そーいえば
私は12才までフランス
そのあとアレッポに戻ってきてアレッポの日本センターで日本語勉強してました
アレッポって確か内戦で激戦って聞いたけど大丈夫だった？
アッ

※ドバイはアラブ諸国連邦の一つの都市で、首都はアブダビ

大学も爆撃された
ことありますよ
ラシャードさんは
どこ出身
なんですか?
私はラタキヤ出身で
そのあとダマスカスです
一時期トルコにいました
ラタキヤ
アレッポ
ダマスカス
ラタキヤもやっぱり
危なくて逃げてきた
とか?
ラタキヤには
子供のころいて
内戦始まってからは
ダマスカスでしてラタキヤもアレッポ
のように危ない
地域ではないです
ドキドキ
内戦といってもアレッポのような
激戦地ばかりではなく比較的
危なくない地域もあるんですよ
実は・・・
え!
意外!
!!
内戦なのに
危なくない
地域って!?
どういう事?
日本アニメ
情報源に
コピー事情
内戦中での
シリアの生活
げっ!!停電!?
イラストが!!
ブチッ
アラブの日本
漫画事情とか
気になることが
いっぱいありすぎる
色々詳しく
お話聞かせて
ください!
どうぞ〜

用語解説

※1　**フェイト**

単にフェイトという場合、Fate/stay night を指す。TYPE-MOON によって2004年に発売された18禁ビジュアルノベルであり、サーヴァントを率いて聖杯戦争に臨む少年少女の運命が描かれる。

※2　**鬼滅の刃**

吾峠呼世晴により2016年から2020年まで週刊少年ジャンプにて連載された漫画。大正時代を舞台に竈門炭治郎が鬼殺隊の仲間たちと共に鬼と戦う物語。単行本シリーズ年間売上で8234・5万部という驚異的なヒットを叩き出した。

※3　**スラムダンク**

週刊少年ジャンプにて井上雄彦により1990年から1996年連載されたバスケ漫画。一介の不良少年だった桜木花道がバスケットボールに目覚め、仲間たちと共に全国制覇を目指す物語。日本のみならず諸外国でも圧倒的な人気を獲得している。

※4　**ジョジョ**

正式名称は「ジョジョの奇妙な冒険」。荒木飛呂彦により週刊少年ジャンプおよびウルトラジャンプにて1987年から連載されているシリーズ漫画作品であり、2021年7月現在第8部「ジョジョリオン」が連載中。特徴的な画風とセリフに定評があり、国内外の著名クリエイターの支持が厚い。

※5　**宇崎ちゃんは遊びたい!**

丈によるラブコメ漫画。元々は作者が Twitter にて発表していたが、人気が出たため商業展開され、2017年よりニコニコ静画内にて連載中。童顔巨乳の女子大生・宇崎花と花につきまとわれる先輩・桜井真一の日常を描く。

※6　**かぐや様は告らせたい**

赤坂アカによるラブコメ漫画で、ミラクルジャンプおよび週刊ヤングジャンプにて2015年より連載されている。天才高校生の四宮かぐやと白銀御行の素直になれない恋愛模様を描く。

※7　**ドラゴンボールZ**

鳥山明の漫画「ドラゴンボール」の「サイヤ人編」から最終話までを原作とするテレビアニメ。アニメ放映中にアニメのストーリーが原作に追いつくという事態が発生したため、少々無理筋なあらすじや演出の改変が行われたが、絶大な人気は今日まで健在である。

※8 **キャプテン翼**
高橋洋一により1981年から週刊少年ジャンプにて連載されているサッカー漫画。ジャンプ黄金期を代表する作品であり、プロサッカー選手にもキャプテン翼ファンを公言する者がいるほど世界的に人気が高い。非常に高い頭身と物理的に実現が困難な必殺シュートが特徴。

※9 **グレンダイザー**
正式名称は「UFOロボグレンダイザー」。1975年に放映された永井豪原作のロボットアニメで、マジンガーシリーズ3部作の最終章に当たる。日本よりも海外人気が高く、フランスでは最高視聴率100%を記録したとの伝説まである。

※10 **未来少年コナン**
1978年に放映されたNHKオリジナルアニメ。文明崩壊後の世界で暮らす野生児コナンと謎めいた美少女・ラナの冒険を描く。宮崎駿のデビュー作品でもあり、製作には富野《とみの》由悠季《よしゆき》が参加している。後のジブリ・サンライズ作品に大きな影響を与える作品となった。

オリーブ

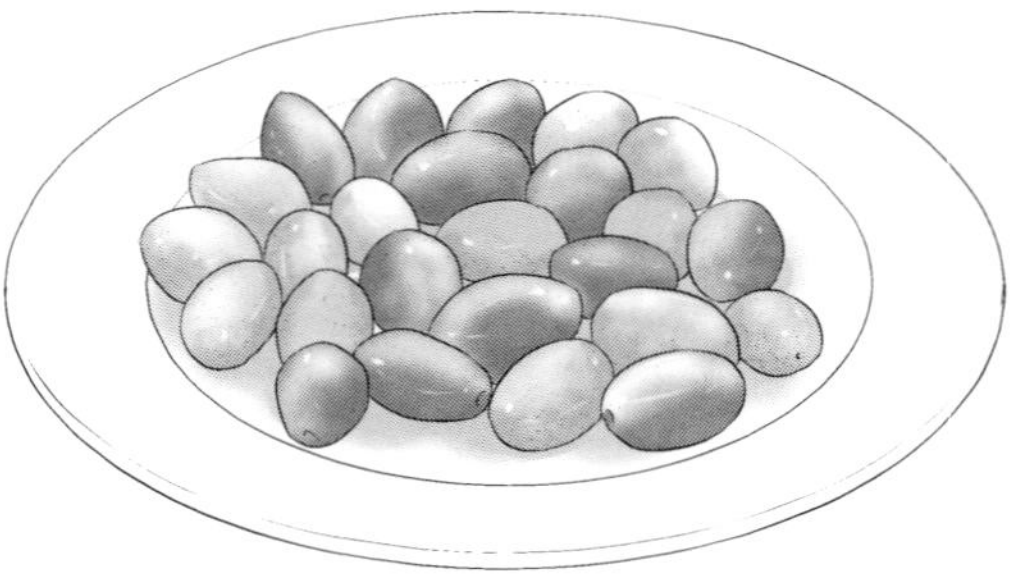

シリア旅行で食べたシリア料理と食べ物

シリアはオリーブの産地
ホテルの朝食には必ず
オリーブがでてました
ホブスと一緒に食べると
美味しい

オタク活動の思わぬ壁

そういえばラシャードさん今放映中のアニメは何で見てるんですか？
日本では英語字幕でネットフリックスやアマゾンプライムで見ています！
あーじゃあシリアでも
あっ
シリアにはないです
経済制裁受けてますから
経済制裁って欧米の物が輸入できないとかそういうのですよね？なんでネット動画サイトが？
全部欧米資本の会社ですから
言われてみないと気がつかないし日本で普通にあるものがないとは
経済制裁は物だけではなくネットやサービスも含まれるんですよ昔はクレジットカードも使えませんでしたね

アニメの流行に時差はなし！

実は動画再生回数に応じて動画広告収入がはいるので翻訳者はそれでお金稼げるんですよ
あ！ネット動画って動画広告収入のシステムありますもんね
毎週早くあげれば毎回見てもらえる固定客がつくんですよ
ネットUP
くう～ん
視聴
視聴
早ッー
つづきみえる～
翻訳も複数人で分担してやったりしてますしね
私は前のシーンを
オレは後のシーン
そのシステムで毎週の翻訳ペースアップできるんですね
みんな更新速度が命なのでほぼリアルタイムでだいたいの日本のアニメは見れるんですよ
なんとっ!!
そういうカラクリだったんだ！
ネットって物理的な距離や時差すらも飛び越えて同じものが共有できるってほんとすごい
次の日
日本
シリア
翻訳の精度も結構高いんですよねー違法動画ですけど
だめなんですけど…
うわ～ん
日本のアニメ配信会社も違法撲滅のためにももっといろんな地域での多言語配信がんばって欲しい！

とあるオタクのシリア難民

シリア内戦では、「国民の2人に1人が難民になった」とよく言われます。シリアの人口2136万人（内戦直前の2010年のデータ）のうち、500万人以上が国外に避難、およそ600万人がシリア国内の他地域に避難（国内避難民）したとみられています。

最も多くのシリア難民が暮らすのはシリアの北隣のトルコで、シリア難民の人口は約370万人です。トルコと国境を接するシリア北部アレッポ県、イドリブ県、ラッカ県では、政府軍と反体制派の間で激しい戦闘が繰り返され、民間人にも多くの犠牲が出たため、人々は安全を求め徒歩で国境を越えトルコに逃れました。トルコ政府は内戦開始直後より反体制派への支援を表明（シリア北部の反体制派の多くが、トルコ南部に拠点を持っています）したほか、シリアからの難民を積極的に受け入れました。また、シリア北部にはトルコ系住民がいるほか、トルコ南部にはシリア系（アラブ系）住民がおり、北部では、トルコに親戚を持つシリア人は珍しくありません。

トルコに次いで多くのシリア難民が暮らすのは、シリアの西隣レバノンです。約150万人のシリア難民が暮らしているといわれます。レバノンもまた、陸路で比較的簡単に国境を越えることができる国で、以前はIDカードのみで（パスポート無しで）往来が可能でした。ダマスカスからは、レバノン各地に向かう「国際線」のバスや乗り合いタクシーが運行されています。シリアとレバノンの間は険しい山岳地帯で、政治的な理由（当局にマークされているなど）でシリアを出国できない人々は、山中の道なき道を分け入って、レバノンに密入国したようです。トルコ、レバノンに逃れた人々が、第三国に亡命するケースも多くあります。レバノンに逃れた人々は、首都ベイルートにある外国公館（主にEU諸国）で亡命・難民申請を行ない、申請が認められると空路出国しています。トルコでも同様の方法で第三国に亡命した人々もいますが、それに加えて、多くの人々がトルコの海岸から小型ボートでギリシャの島嶼に密航し、難民申請を行ないました。密航に使用されるボートは海を渡るに適したものではないため、何度となく事故が起き、多くの命が失われました。

数年前、立ち上がって間もないフェイスブック上のシリア人オタクコミュニティーの中に、ムハンマドさんという、ダマスカス在住の大学生がいました。彼には「アイ」という綽名がついていました。「アイ」は日本語の「愛」のことで、彼は好きな日本アニメやキャラクターについて書き込むとき「アイ！　アイ！（「好き！」の意）」と言うのが口癖だったのです。彼は頻繁に書き込みを行ない、アニメの賛否について手当たり次第に議論を吹っかけてくることもあったので、メンバーの中には彼を疎ましく思い、「アイは少し静かにしていて欲しい」と書き込む人もあったようです。

ある夏の日、ムハンマドさんの書き込みが突然途絶えました。夏の終わり、彼の友人の1人が、彼が欧州への密航を計画しトルコに渡ったこと、ギリシャに向かう小型ボートが転覆し、数日後トルコの海岸で彼の遺体が発見されたことを、オタク達に告げました。普段は日本のアニメの話題で盛り上っているコミュニティーは、オタク達の「アイ」への追悼メッセージで溢れました。

その中の1つが、今も忘れられません。
「あれこれコメントしてくる『アイ』を邪険にしたこと、とても後悔している……。どうして彼に『アイ!』と返してあげられなかったのか……」

経済制裁のある世界

内戦が起きる前から、シリアは欧米諸国による経済制裁を受けています。「経済制裁」ということばをニュースで耳にすることは多くても、日本に住んでいると、「経済制裁」が人々の生活にどのような影響を及ぼすものなのか、なかなか想像がつきにくいと思います。

初めてシリアを訪れた時、隣国レバノンのベイルートから、国営のシリア航空でダマスカスに入りました。搭乗した飛行機はボーイングだったのですが、機材は、日本で20年近く前に退役した古いものでした。米国の禁輸措置によって、シリアは米国製の飛行機を調達することが長らくできなくなっていたのです。

ダマスカスに着いて、市内のATMでお金を下ろそうと思っても、クレジットカードが使えません。困っていると闇両替屋に声をかけられました。政府の公定レートよりも遥かにいいレートで、米ドルを買い取るというのです。しつこい両替屋を振り切って、政府系の銀行で両替を済ませ、レストランに入りました。「ペプシコーラはいかがですか?」というウェイターの勧めで一本注文すると、出てきたのは「ウガリットコーラ」なる、シリア国産のコーラ。ダマスカスに着いてわずか数時間の間に、経済制裁がどのようなものかを実感することになりました。

なお2000年代後半、制裁が一部緩和され、湾岸アラブ諸国の銀行のシリア支店が、クレジットカード（ビザ、マスター）の発行、欧米諸国への送金を開始したことがありました。この時初めて、シリア国内でオンラインショッピングが可能となりましたが、内戦の開始によってこれらの銀行がシリアから撤退し、各国による制裁も再び強化されました。

反米の国シリアだけど、アメリカ大好き

シリアとアメリカは、1970年代から対立関係にあります。シリアは対イスラエル強硬派で、イランと良好な関係にあり、「反米の国」というイメージが定着しています。1991年の湾岸戦争の前後に関係が好転したり（シリアは反イラクの立場であったため、多国籍軍に参加）、2000年代後半にも関係改善の動きがありましたが、2011年に始まったシリア内戦でアメリカは反体制派を支持・支援したので、現在シリアとアメリカは断交状態にあります。

初めてシリアを訪れた時は、レバノン経由で入国しました。数日滞在したレバノンの首都ベイルートにはコカコーラもマクドナルドもあり、アメリカ製の車や電化製品が町中で見られました。それだけに、ベイルートからダマスカスに着き、コカコーラもマクドナルドも見当たらない、東

欧製の古い車が走り回る街角に立つと、「反米の国」に来た、という思いがしました。ところが数日も経つと、この町にもアメリカ文化が入ってきていることに気づかされました。いかにも「社会主義国」的なスローガンと前大統領の肖像画を掲げた政府機関の、脇の路地を入ったところにある小さなＣＤ屋には、アメリカのポップミュージックのＣＤ、2〜3年前にヒットしたハリウッド映画のＤＶＤが大量に売られていました。レバノンあたりから持ち込まれた違法コピーのようです。

その後、国立ダマスカス大学の学生たちと知り合い、彼らと欧米文化や政治の事について話す機会が増えましたが、彼らはほぼ一様にアメリカの中東政策やイスラエルに批判的ですが、その一方でアメリカの文化に関心が高く、英語が話せることや、アメリカの映画やポップミュージックを多く視聴していることを誇りにすら思っているようでした。

19世紀末から20世紀の後半まで、数多くのシリア人がアメリカに移住したため、アメリカに親戚がいるシリア人は珍しくありません。多くのシリア人にとって、アメリカは「親戚が住む国」としてある意味身近な存在になっています。アメリカで成功したシリア人(シリア系アメリカ人)も、人々にとっては大きな誇りです。特に、スティーブ・ジョブス（父親がシリア中部ホムス出身の移民）は広く知られており、「アメリカの繁栄はシリア系移民が支えているのだ」と豪語するシリア人に時々出会うことがあります。

違法動画のアニメ翻訳事情

日本アニメの違法動画サイトは複数存在し、各々が競合しています。他の動画サイトより再生数を稼ぐには、日本国内で放映された最新話を、他より早くアラビア語に翻訳（字幕）し、アップロードすることが求められます。日本語からアラビア語に直接翻訳される例は極めて少なく、大半が英語からの重訳です。

日本国内での放映終了後、数時間以内に日本語↓英語↓アラビア語と重訳の作業を完了し、ただちにアップロードされるため、翻訳の質は決して良いものではありません。シリア人のオタクたちは「やっつけ仕事」のアラビア語字幕に苦笑しつつ視聴しています。私自身、あるシリア人から教えてもらったアラビア語字幕に仰天したことがありました。

「ラブライブ！」の1期1話、園田海未《うみ》さんのセリフ「みんなのハート撃ち抜くぞー！」が、「お前たちの心臓に穴を開けてやるぞ！」と訳されていたのです。満面の笑みで「お前たちの心臓に穴を開ける」と宣言する海未さんに衝撃を受けながら、「もしかしてシリア人が訳したのかも……」と感じました。シリアの隣国イラクでは、「ハートを撃ち抜く」という表現が口語で存在します。しかし、シリアの口語ではこうした表現は無く、代わりに「頭が飛ばされる」（＝ある事に心を奪われて、何も思考できなくなる）という表現が使われます。海未さんの衝撃的な発言（？）を教えてくれたシリア人は、「海未ちゃんはシリア人のハートを撃ち抜くことはできないが、その代わりに彼らの頭を吹っ飛ばすことならできる」と笑っていました。

シリア旅行で食べたシリア料理と食べ物

水切りヨーグルト
日本ではギリシャ
ヨーグルトで知られてる
シリアでは朝食に出る
定番メニュー

アラブ圏への日本アニメ普及の立役者なシリア！

結局シリアには違法DVDと違法動画しかないのかよ！とお思いの方！
ちゃんとした衛星放送の日本アニメ専用チャンネルがたくさんあります！
シリアもですがアラブ圏ではこっちが一般的ですね
ドバイのスペーストゥーン社
シリアにも有名な日本アニメチャンネル「スペーストゥーン」がありますよね！
そうですね！日本のアニメのアラビア語翻訳をして配信してる会社ですね
アッー
私のアラビア語のシリア人留学生の先生が日本から帰った後ここでアニメ翻訳のバイトしてた話聞きました
実は日本アニメの翻訳はシリア人が多いんですよ！
アラビア語ってたしか20数か国以上で話されてる言語だから他の国の翻訳でもいいような？
うぅん
アラビア語が公用語の国
それには二つの理由があるんですよ・・・・

人件費が安い!
シリアポンド
↓
25SP
です
ぞっ…
タクシー代
約50円!?
2010年ごろ 1SP=約2円
確かに物価安かった!
それでもシリア人の
先生国内ではいい
給料って言ってたなあ…
!!
アラビア語にも方言がありますが
シリアの方言が標準語のフスハー
に発音とか近いので他の国の
アラブ人が聞き取りやすい
衛星放送って
他のアラブ諸国
でも見れるが
故の理由ですね
シリア人の声優も多くて
日本のアニメの主題歌は
アラビア語バージョンが
あるのですがその歌の
歌手もシリア人が多いです
أمال سعد الدين
アーマール
サードッディーン
「名探偵コナン」※11
のコナン役の声優
زياد الرفاعي
ジヤード・リファーイー
ドラゴンボール※11の孫悟空や
ONE PIECE※12の初代ルフィ
の声優
シリアといえば
今や内戦のイメージ
しかないけど
こんなに日本アニメに
関わってる人たちが
多いとは知らなかった
فادي وفائي
ファーディー
ウィファーイー
ONE PIECEの現在の
3代目ルフィの声優
内戦で他国に亡命
した一部のシリア人が
アニメの翻訳の仕事を
しているみたいです
うう〜っ…
みんなシリア本国で
翻訳とかの仕事が
できるといい
ですね

用語解説

※11 名探偵コナン

青山剛昌により1994年から週刊少年サンデーにて連載されている推理漫画。漫画は25ヵ国で出版され、アニメは40ヵ国で放映されている。身体は少年だが天才高校生探偵の頭脳を持つ江戸川コナンが、少々無理筋な推理を交えつつ事件を解決する。

※12 ドラゴンボール

鳥山明により1984年から1995年にかけて週刊少年ジャンプにて連載されたバトル漫画。7個集めたら願いが叶うという伝説の玉・ドラゴンボールと、主人公の孫悟空をめぐる冒険と戦いの物語。アニメ、映画等に展開され世界的に有名な作品であり、全世界累計発行部数は3億部以上。

※13 ONE PIECE

尾田栄一郎により1997年から週刊少年ジャンプにて連載されている冒険活劇漫画。主人公の少年海賊・ルフィと仲間たちとの冒険を描く。全世界累計発行部数は漫画作品として世界最高記録である4億8000万部を突破し、話数は1000話を超えるジャンプ史上2番目の長期連載となっている。

シリア旅行で食べたシリア料理と食べ物

シリアだけでなく
アラブ諸国では熱い紅茶を
ガラスコップに入れて
飲むことが多い
ティーパックは入れっぱなし
でも渋くならない

シリアやアラブ諸国の衛星放送事情

シリアに来てまず驚くのは、衛星放送受信機の普及率の高さと、そのチャンネルの多さです。東はオマーンから西はモロッコまでの、数百に及ぶアラブ諸国のチャンネルが視聴可能なのです。ダマスカスのある友人は「ニュース番組はカタールの衛星放送チャンネルを、ドキュメンタリー番組はアラブ首長国連邦、映画はサウジアラビア、料理番組はレバノンのチャンネルを観ている。シリアのチャンネルを視聴するのは……ドラマを観る時だけかな」と話していました。シリアの国営放送は、ニュースやワイドショーは政府広報のような内容で、トーク番組や歌番組も予算の都合上、有名な歌手や俳優は呼ばないので、現政権を支持する人々ですら「面白くない」という理由で、国営放送を観たがりません。

他のアラブ諸国に行っても似たような状況で、数百のチャンネルから好きな番組を選び、見比べるのが当たり前のようになっています。これはアラブ圏のアニメオタクにとっても素晴らしい環境といえます。たとえ自国の国営放送で古いアニメ番組（国営放送の地上波では、１９７０－80年代の日本アニメ、１９４０－60年代の米国アニメ等が再々放送されるのが常……）しか放映されていなくても、他国の衛星放送チャンネルで最新のアニメを視聴することが可能なのです。

シリア発日本アニメ専用チャンネル・スペーストゥーン

アラブ圏で最も知られたアニメ専用チャンネルは、ＭＢＣ３とスペーストゥーンです。ＭＢＣ３が主に米国製アニメを放映しているのに対し、スペーストゥーンが放映するアニメの多くは日本製です。アラブ圏で大人気の「ＮＡＲＵＴＯ」「ＯＮＥ　ＰＩＥＣＥ」「名探偵コナン」は、いずれもスペーストゥーンが放映したものです。このスペーストゥーンは現在アラブ首長国連邦等に拠点がありますが、元々はシリアの首都ダマスカスで２０００年に設立された会社です（ＭＢＣ３はサウジアラビア資本）。

スペーストゥーンのアニメのアラビア語吹き替えは、フスハーと呼ばれる正則アラビア語ですが、それでも時々「コナン君やルフィが、少しシリア訛りになっている……」と感じることがあります。スペーストゥーンは、日本を含む世界のアニメの買い付け、配給を行なうだけでなく、翻訳、吹き替えも自前で行なっているのです。

スペーストゥーンの前身は、１９８５年にダマスカスで設立された「マルカズ・ズフラ」という会社です。「マルカズ・ズフラ」は、日本製アニメのアラビア語への翻訳、編集、吹き替えを専門に行なっていました。当時、日本製アニメを日本語から直接アラビア語に翻訳し、吹き替えることのできる会社は、アラブ圏にはほとんど無く、大半の日本製アニメは英語版から重訳されていたのです。

翻訳・吹き替え事業で成功した「マルカズ・ズフラ」の創業者ファーイズ・サッバーグ氏は事業を拡大、自社でアニメの配給を行なうべくスペーストゥーンを設立し、現在に至っています。なおスペーストゥーン以外にも、シリア国内には、アニメや外国のテレビ番組の吹き替えを、アラブ諸国のテレビ局向けに行なう会社が複数ありますが、シリア人のフスハー（正則アラビア語）の発音が正確で聞きやすいことに加え、人件費が安いことが、シリアの会社に受注するメリットのようです。

スペーストゥーンに所属する声優の大半はシリア人で、俳優と兼業しているケースが多いです。「名探偵コナン」のコナン役をつとめるアーマール・サードッディーンさんは、シリア北西部ラタキヤ出身の女優で、ある人気ドラマではラタキヤの方言丸出しで喋る農家のおばさん役が当たり役になりました。「ＯＮＥ ＰＩＥＣＥ」の初代ルフィ役をつとめたジャード・リファーイーさん（１９６７年生まれ）は、シリアでは珍しい専業の声優で、「ドラゴンボール」の孫悟空役でも知られていましたが、２００９年に交通事故で急逝してしまいました。現在のルフィ役は3代目で、主にドラマで活躍している俳優のファーディー・ウィファーイーさんです。

アラブ圏全域で大人気のアニメの主役をつとめる声優さんでも、その名前は意外と知られていません。オタクを称するようなシリア人でも「今のルフィ役って誰だったかな?」と考え込むことがあります。日本に来たシリア人オタクが驚くことの一つは、「声優さんがライブを開き、写真集を出版している」ことだそうです。

シリアの秋葉原・バハサ

コピーDVDといえば ダマスカスなら バハサですね!
シリア旅行の時に 行きましたよ! アラビア語のアニメとか ドラマ欲しくて・・・
この店です!
あれ? これ紙だけど?
ペラ ペラ
日本人か! これ おまけしてやるよ!
キャ キャ
コピーだし このパッケージの 絵も誰かの ファンアートの絵だよ
欲しいソフトの紙を 持っていくと 奥で焼いてくれます!
うわ! 焼きたて ほやほや!!
ヤキタテ ホヤホヤ
ワーイ
という思い出が・・・ 1枚100円ぐらいで ほとんどの売ってました
ドヤッ
あそこで 日本アニメオタクに 育ったシリア人は 数知れずですね

スーザンさんって
ドバイで日本の漫画
買ってたっていうけど
それって
ドキドキッ
英語版ですね！
やっぱり・・・アラビア語学習に
日本の漫画のアラビア語版
探してるけどなかなか
ないんですよね
あるよ
英語版
それでは
ない!!
アニメだけで
よくない!?
マンガも
いいよっ
マンガ読むより
アニメ見たほうが
楽ですよね
ズバッ
グサッ
グサッ
漫画とアニメは表現も違うから
また違う楽しみがぁ！
と言いたいところだけど！
本を読まない人の意見だよね
実はシリアだけでなく
アラブ圏では日本に比べて
本を読む人は少ないですね
私は本が
好きなので
漫画読みます！
だからなのか
アラブの本屋って
駅前の
ちょっとした
本屋レベル・・・
町の本屋さん
レベル・・・
アラブの
巨大本屋さんって
どこにあるんですか！
JUNKDO
ビルごと
本屋みたいなの!!
どーなの

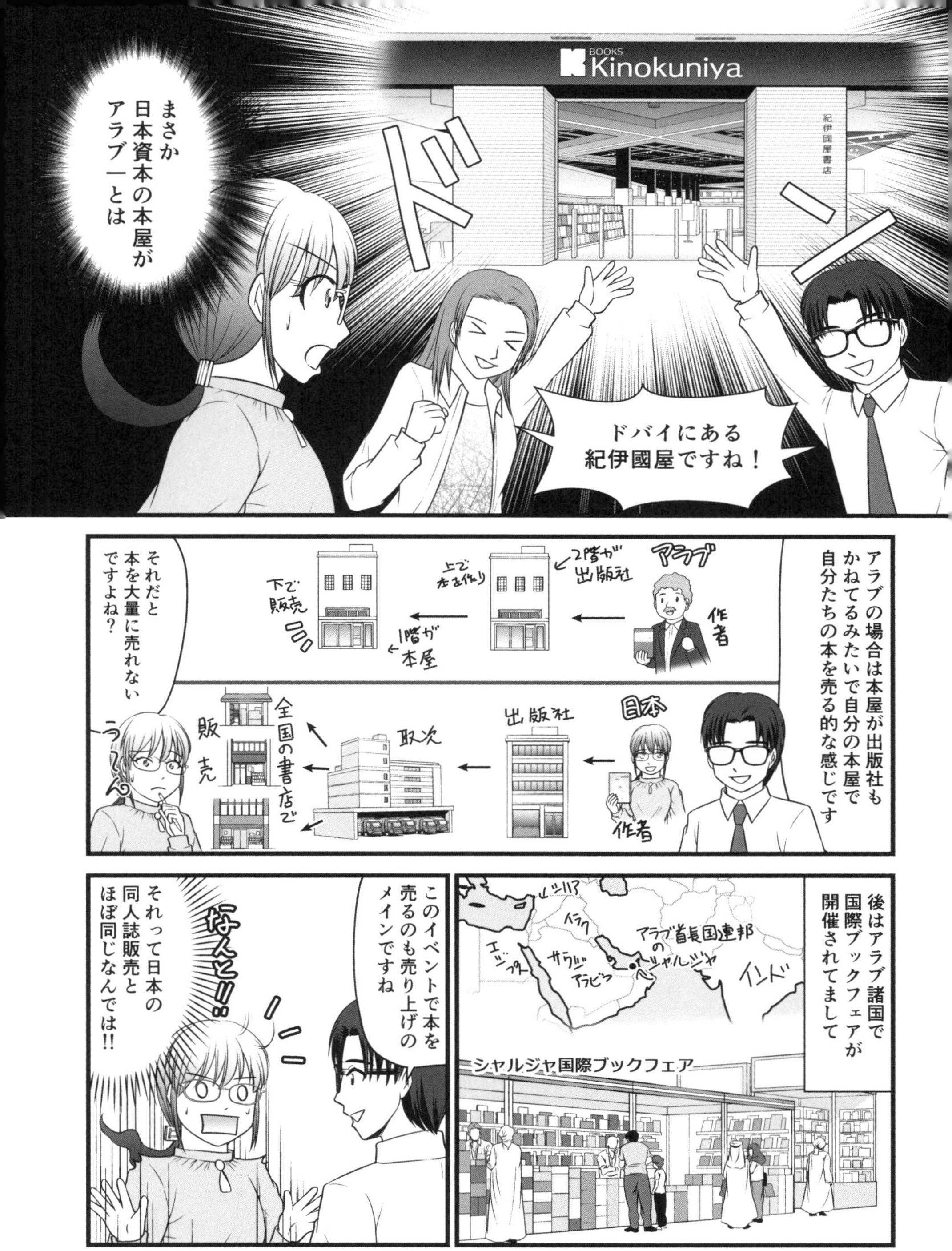
BOOKS Kinokuniya
紀伊國屋書店
ドドーン
ドバイにある紀伊國屋ですね！
まさか日本資本の本屋がアラブ一とは
アラブの場合は本屋が出版社もかねてるみたいで自分の本屋で自分たちの本を売る的な感じです
アラブ
作者
2階が出版社
上で本を作り
1階が本屋
下で販売
日本
作者
出版社
取次
全国の書店で
販売
それだと本を大量に売れないですよね？
う〜ん
後はアラブ諸国で国際ブックフェアが開催されてまして
シリア
イラク
エジプト
サウジアラビア
アラブ首長国連邦のシャルジャ
インド
シャルジャ国際ブックフェア
このイベントで本を売るのも売り上げのメインですね
それって日本の同人誌販売とほぼ同じなんでは!!
なんと!!

ダマスカスの「秋葉原」バハサ

首都ダマスカスのほぼ中心に、電化製品やコンピューター、ゲーム機を扱う小売店や卸売商が並ぶ、バハサと呼ばれる地区があります。日本在住のシリア人オタク達はここを「ダマスカスの秋葉原」と呼んでいます。バハサには、中世の頃建てられたモスクや聖者廟、昔ながらの商店や住宅街もあり、このうち「電気街」となっているのは、約300m四方の一角で、秋葉原と比べかなり小規模です。地元の人によると、この一角は元々靴屋が多く立ち並んでいたそうですが、1990年代前半以降、テレビやビデオデッキ、コンピューターが一般家庭に普及し需要が高まると、その需要に合わせこれらの製品を扱う店が増え、次第に「電気街」へと変貌していったそうです。

コンピューターやゲーム機を売る店の多くは、古い雑居ビルに入る小中規模の店舗で、あまり見栄えはしませんが、店の中には世界中のメーカーの製品が並んでいます。日本や台湾のメーカーの他、経済制裁のため輸入できないはずの米国のメーカーの製品も取り揃えています。以前、バハサの小売店にコンピューターを卸している貿易商に聞いたところ、米国メーカーの製品（主にノートパソコン）はアラブ首長国連邦のフリーゾーンで仕入れ、シリアに再輸出しているとのことでした。

コンピューター等を売る店に交じって、CDやDVDを大量に陳列している小さな店舗を目にします。シリア国内では上映もＤＶＤでの販売もされていないハリウッド映画、アラブ圏内で人気のドラマ（シリアかエジプトで制作）、そして日本のアニメのＤＶＤ……。薄暗い店の奥に座る店主に値段を聞けば、どれも日本円で一枚数十円〜１００円程度。もちろん全てが海賊版です。

「ダマスカスのインターネット回線の速度が遅かった頃は、日本のアニメが見たい時はバハサに行って、海賊版ＤＶＤを買い漁ったよ。今はどんなアニメのＤＶＤが売っているのかな……」東京在住のシリア人オタクの１人は、内戦が起きる少し前のバハサでの思い出を振り返りました。

「そうだ、あの海賊版ＤＶＤ屋の隣には、美味しいジュース屋があったね」

バハサに隣接する地区には軍関係の施設があったことから、内戦が始まってからは、反体制派が発射したと思われる迫撃弾が着弾したことが何度かありました。しかし「電気街」はほぼ無傷で、これまでと変わらずに「敵国」米国のメーカーのパソコンやら、怪しげな海賊版ＤＶＤが販売され続けているようです。

シリアの本屋事情

オタクを称するシリア人は、膨大な数のアニメを視聴している一方、読んだことのある漫画の数が意外にも少ないことに気づかされることが多いです。シリア国内で出版、販売されている日本の漫画はほぼ皆無ですが、ネット上には、アニメの違法アップロードサイト同様、日本の漫画を英訳し違法にアップロードしたサイトが複数あり、こうしたサイトで漫画を読むことは可能です。違法アップロードサイトで漫画を読んでいるシリア人に聞くと、「自分のように漫画を読むオタク仲間は少ない。オタクに限らず、本を読む習慣を持つ人が少ないからかも」とのことでした。

シリアは、アラブ圏の中ではレバノン（隣国）、エジプトと並び出版社、本屋の数が多いとされています。ダマスカスの旧市街には、オスマン朝時代から続くという古い本屋街があります。シリアでは、現政権に批判的な内容の書籍を除けば、小説、伝記、政治思想、哲学、宗教学から料理本に至るまで、様々な内容の本が出版・販売されています。しかし日本と比べると新刊の数と種類、発行部数はかなり少なく、首都であるダマスカスにおいても、東京のような大型書店は存在しません。比較的面積の広いダマスカスの書店は、文房具屋を兼ねていることが多く、文房具を扱うスペースが半分近くを占めていることもあります。

本の価格は、発行部数が少ないこともあり、日本と似たような価格（ソフトカバーの書籍が日本円で500~1000円程度）ですが、シリアの物価が日本の約十分の一ということを考えると、かなり高価といえます。

私の母も日本アニメが好きです！

私の母も日本のアニメ見ていましたよ！
20代
え！お母さんも!?
つまり母親50代ぐらい
シリアでは1980年代から日本のアニメが放映されてるんですよ
グレンダイザーとかベルサイユのばら※13とか一緒にみてました！
日本のアニメ放映歴40年！意外に歴史あるんですね！
ドヤッ
今の20代~30代の人は親も実はアニメを見て育った世代なんですよ
そもそもシリアの日本オタクっていつぐらいからいるのですかね?
シリアでインターネットが一般的に普及し始めた頃ですかね
2000年前半頃は接続速度も遅くて手続きも大変でした
Loading…
2000年後半に手続きも簡単になり動画に耐えられる回線速度になり
わ〜い！
ラクチン
フェイスブックで「オタク」という言葉が紹介されて
私、
オレ
たち
もしかして…

オタクを
自称する人が
急増したのです
オタク!!
バーン
2010年
シリアでの漫画
ワークショップした時
ちょっと前の
アニメですけど
デスノート
大好きです!
私も~
シリアのテレビでも
ほぼリアルタイムで
デスノートのアニメ
流れてるの?
実はシリアではまだTV
放映されてないですけど
みんなネット動画で
みてるんですよ…
デスノート好き
キャ
キャ
でもここでの視聴者
100%なんだけど!
ネット動画の方がメイン
情報源って!
スッ
政府によるフェイスブック
の閲覧のブロックや
インターネット回線の
遮断を行いました
アニメみるの
やーめたっ
この1年後ぐらいに内戦で
ネットが使えない時期が
あったって聞いたんですけど
あの時は
ネット大丈夫
だったけど…
そうですね
フェイスブックを使って
反体制デモが呼びかけられる
ようになると
日本アニメオタク達も
情報源のネットが遮断
されて見るのやめて
オタクを辞めた人多そう…

しかし反体制デモが下火になり政府側が優位になるにつれ
えっ〜
や〜めた
あっ!!
フェイスブック入れる!?
フェイスブックも解禁されインターネットの回線も安定するようになります
内戦で外に出ることも気軽にできないもしくは行くところもない状態で
ズラ〜
しまってる…
ガーーン
家でネット動画でアニメを見る機会も増え
2013年には日本アニメを愛するシリア人コミュニティーSyrian Hardcore Otakuも開設され
SHO
SYRIAN Hardcore Otak
じつは‥
シリアの「オタク」達が急増したのです!
ええ!!減ったんじゃなくて増えたの!?
なんと!!
ちなみにSyrian Hardcore Otakuでは入るのにちょっとしたアニメに関するテストがあってそれにクリアーしないと入れないそうです
もしかしたら内戦という厳しい現実からの癒しとしてアニメは役割果たしてるのかも

用語解説

※14 **ベルサイユのばら**
池田理代子により1972年から1973年にかけて週刊マーガレットに連載された歴史漫画。フランス革命の時代を描いており、作者はこの作品によってフランス政府からレジオン・ドヌール勲章シュバリエ章を授与されている。

シリアの日本アニメオタク第一世代

シリアの人々が日本のアニメを観始めたのは1980年代前半。まもなく40年が経とうとしています。この40年で、シリアにおける日本アニメの知名度は非常に高くなり、シリアの国営・民間の放送局で放映された日本アニメの数も相当な数に上りますが、「オタク」という言葉が、日本アニメを愛するシリアの人々の間で知られ、やがて自らも「オタク」を称するようになったのは、いつ頃なのでしょうか？

私はこれまで、「オタク」を自称する複数のシリア人に、この質問をしたことがあります。すると、20代後半から30代前半の人々が、「自らこそがオタクの第一世代」と名乗ったのです。そのうちの1人は、「2011年前後に『フェイスブック』上で『オタク』という言葉が紹介され、友人たちの間でも使われ始めた。その後2013年に『フェイスブック』上に、日本アニメを愛するシリア人達のコミュニティー『Syrian Hardcore Otaku』が開設された。千人規模のシリア人がこのコミュニティーに参加したことで、『オタク』という言葉が定着し、『オタク』を自称する人が急増した」と語りました。

2011年以降にシリアで「オタク」が「誕生」し、増加していった背景には、シリア国内のインターネット事情の変化、そしてSNS利用者の増加があると考えられます。

2000年代前半、インターネット回線を自宅に引くには煩雑な手続きと高額な使用料がかかる上、接続速度は非常に遅いものでした。2000年代後半に手続きが簡略化され自宅にインターネット回線が普及、使用料の値下げ、接続速度の向上（動画も視聴可能に）が実現し、SNSユーザーも急増しました。2011年に「フェイスブック」を通じ反体制デモが呼びかけられるようになると、当局は「フェイスブック」の閲覧をブロック、インターネット回線の遮断も頻繁に行なわれましたが、都市部での反体制デモが下火になり、反体制武装勢力との戦闘も政府側に優位になっていく過程で「フェイスブック」は解禁となり、回線も安定するようになりました。シリア国内で「オタク」が急増したのは、この直後でした。

オタクの親世代もアニメを見て育った

「小さい頃、家族全員でアニメを観ていた」「私の母も日本アニメが好き」――オタクを称するシリア人の中には、日本のアニメを好きになったきっかけとして、「家族が観ていた」ことを挙げる人が少なくありません。オタク達の両親の多くは、1950‐60年代に生まれていますが、日本のアニメがアラブ諸国で放映されるようになったのは、彼らが20代の頃でした。

以前、ダマスカスに住むあるオタクのお母さん（1958年生まれ）と会った時、「1980年代の初め、当時住んでいたカタールで『レディー・オスカー』や『アドナーンとリナ』を欠かさず観ていた」という思い出話を聞きました。「レディー・オスカー」は「ベルサイユのばら」のアラビア語吹き替え版、そして「アドナーンとリナ」は「未来少年コナン」のアラビア語版のタイトルです。

「ベルサイユのばら」「未来少年コナン」とも、クウェートに本拠を置く番組制作会社GCCJPPIが翻訳、編集を行ない、アラブ諸国のテレビ局（当時はほとんどが国営）に配給していました。

「レディー・オスカー」の最終回に涙したというそのお母さんが、あるとき「あの頃はシリア人の声優を雇わなかったのか、登場人物が皆イラク訛りだったのが印象に残っている」と話したことがありました。GCCJPPI配給の2作品の声優陣を調べたところ、ほぼ全員がイラク人ないしはクウェート人でした。クウェート在住のイラク人俳優として当時有名だったムサーフィル・アブドゥルカリームさん（1952年生まれ）は、「ベルサイユのばら」のアンドレ・グランディエ、「未来少年コナン」のラオ博士を演じています。なお、アブドゥルカリームさんは湾岸戦争終結直後の1991年2月、イラク軍がクウェートを占領していた際（1990‐91年）イラク側に協力したとしてクウェート当局に逮捕、処刑されるという最期を遂げました。

日本アニメでシリアだけでなくアラブで昔から大人気なアニメといえば
バーン
グレンダイザーですね
アラブのオタクから知る名作
って何？
と思う方もいるはず
グレンダイザーとは1975年に放映された永井豪原作のロボットアニメで、マジンガーシリーズ3部作の最終章
マジンガーZ
グレンダイザー
グレートマジンガー
私の年代だと外れてて日本だとマジンガーZ※15の方が有名かも・・・
マジンガーZも知ってますがアラブだとグレンダイザーの方が大人気ですね
へー、
まさか自分よりも下の年代のシリア人に古いアニメを教わるとは
爆丸バトルブローラーズ※16ってアニメもシリア人オタク界隈で大人気ですが知ってます？
!!
え？ 全然知らない！
シリア人オタクから日本の名作を逆に教えてもらうことが多すぎる

用語解説

※15　**マジンガーZ**

永井豪作の漫画・TVアニメ。どちらも1972年より開始され、平均視聴率22・1％を叩き出し、アジア圏・スペイン語圏でも絶大な人気を博した。少年が巨大ロボットに乗って戦う、いわゆるロボットアニメはこの作品が始祖となる。

※16　**爆丸バトルブローラーズ**

セガトイズが開発しタカラトミーが販売している玩具・爆丸のアニメ化作品。爆丸というモンスターに変形するボールを用いて対戦する。日本未放映のテレビシリーズが北米で放送されており、海外人気が先行している。

日本ではマイナー＆古い作品がいまだ大人気!?

シリアで初めて観た日本のアニメは、シリア国営テレビの子ども向け番組で放映されていた「釣りキチ三平」でした。シリア国営テレビは当時、午後（小中学生の放課後の時間帯）の1、2時間は子ども向け番組を放映しており、「歌のおねえさん」（国営テレビを視聴しているシリア人にしかその存在を知られていないお姉さん……）の出番が終わると、古い日本のアニメをよく放映していました。「釣りキチ三平」の次に観たのは、「サスケ」（日本では1968‐69年に放映）だったと記憶しています。

その後ダマスカスで知り合った友人達に「釣りキチ三平」のことを聞いてみましたが、「国営放送で観た覚えがない……」と言われましたが、「サスケ」は皆よく覚えていて、劇中に主人公（サスケ）が唱えていたという呪文を暗記している人もいました。「サスケ」はかなり長い期間にわたって、シリア国営テレビで放映され続けていたようです。

一方で、彼らが「子どもの頃に観て一番面白かったアニメ」として挙げたのが、「グレンダイザー」でした。「グレンダイザー」は、私が生まれる前に放映が始まったので、一度も観たことがありません。ある時、友人の一人に「グレンダイザーを観たことがない」と言うと、「グレンダイザーを観たことがない日本人がいるのか！」と驚かれてしまいました。

「グレンダイザー」は１９７０年代後半、当時内戦下にあったレバノンにもたらされ、レバノン人声優が吹き替えを行ない、当時人気だったレバノン人歌手、サーミー・クラークさんが主題歌を歌い、アラブ諸国の放送局で放映されました。１９８０年代、「グレンダイザー」は、東はイラク、西はモロッコに至るアラブ圏全域で大人気となり、シリアの国営放送でも放映されたのです。

アラブ圏で「グレンダイザー」の放映が始まり40年余りが経った２０１９年、サウジアラビアの首都リヤドで開かれた「SAUDI ANIME EXPO 2019」に、「グレンダイザー」の主題歌を担当したささきいさおさん、サーミー・クラークさんが招待され、２人の共演が実現しました。なおクラークさんは２０２２年2月に亡くなりました。その前月（1月上旬）、彼はイラクの首都バグダードで開かれたアニメイベントに招待され健在ぶりを示していただけに、アラブ圏全域の「グレンダイザー」を愛する人々は、クラークさんの急逝に驚き、悲しみにくれました。

日本のカードゲームが流行る！？

ゲームとかはどうですか？やっぱり海外で人気の高い格闘ゲームやスポーツゲームがシリアでも人気なんですかね？
そうですね！メタルギア※17とか人気です！ゲームと言えば
遊戯王※18のカードゲームも人気ですよ！ポケモンも昔はカードゲームとして有名ですね
アニメが人気なので
なんと！
遊戯王のカードもシリアでも流行ってたんだ！
遊戯王とは94年からジャンプで連載されていたアナログゲームをモチーフにした漫画
マンガの中で出てきた架空のトレーディングカードゲーム※19がマンガの人気とともに商品化されその後日本でも大人気
まさか日本のトレーディングカードゲームがシリアでも流行ってたとはでも公式のカードってどうやって・・・
オォッ
コピーです
ああやっぱりそんなにすぐに公式のカードが出回らないよね
うううぅ〜
英語の公式のカードをコピーしたのが出回ってましたね

実は私はドバイに住んでいた時に英語版の本物を持ってたんですけど
ドバイにはちゃんと売っててアラブでも公式に売ってる国あるんだー
シリアに帰った時に
これが本物の遊戯王のカード！
バ
え…そんなの見たことないよ！
ひ〜ー
こっちのが本物でそれ偽物だろ！
ペラ
ペラ
って言われたことあります
シリアでは本物は入手できないので…
うう〜っ
本物を見たことないがために起きる悲しい現象
シリアではボードゲームと言えばバックギャモンやトランプのゲームなどカフェでよくやっています
トランプを使ったシリア独自のゲームが多数あるらしい
バックギャモン
それにしてもアニメの影響で日本のカードゲームまで大人気とはアニメの力おそるべし
知らんかった!!!
カードも大人気です

用語解説

※17 **メタルギア**

1987年にコナミから発売されたアクションゲーム。主人公の軍人・スネークを操作して軍事要塞に潜入し、破壊工作を行なう。2021年までにシリーズ全世界累計販売数が5770万本を超える、コナミ代表作の一つ。

※18 **遊戯王**

正式な表記は「遊☆戯☆王」。1996年から連載された高橋和希の少年ジャンプ掲載の漫画、ならびにそれから派生したTCG。国際的に人気が高く、ギネスに「世界で最も販売枚数の多いトレーディングカードゲーム」として認定された。

※19 **トレーディングカード**

トレカ・TCGとも呼ばれる対戦型カードゲームの一ジャンル。世界中で人気があり、マジック・ザ・ギャザリング、遊戯王、ポケモンカードゲーム等が有名。強いカードを手に入れるには財力と運が必要であり、成人のプレイヤーが多い。

シリア旅行で食べたシリア料理と食べ物

ひよこ豆のコロッケ
ラップサンドの具としても使うこともある
シリアのファーストフード的存在

シリア的チームワーク

スーザンさんはスラムダンクのどこが好きなの？
チームワークがすばらしいところです！
ドヤ
チームワーク⁉
仲のいいチームの話だったけ？
フン
パス—
仲間を信用しない
チームメイトも敵視
ええっ⁉
シリアだと「4人いたら4チームできる」と言われるぐらい個人主義なんで
チームワークの前にチームができない！
ガーン
シリアはサッカー強いですよ！
もしかしてわきあいあいよりも主張し合うチームワークなのかも
スラムダンクって最後はつんけんしてたキャラが信頼するって話だからシリア的チームワークの姿なのかもしれない！
最後には仲間を信頼
ハッ

日本の学校は楽しそう！？

日本のアニメで日本の学校楽しそうと思いましたね
学園ものアニメ
え？どの辺が？
えっ
文化祭とか体育祭とか楽しそうです！シリアにはありません
え！ ないんだ！どこの国でもあると思ってた・・・
シリアで学校のイベントといえば独立記念日・戦勝記念日で学生が率先して楽しむ内容ではないですね
なが～～い演説
あーなるほど・・・
文化祭や体育祭面倒くさいって人もいるけどまったくないのもさみしいですしねー
日本の学校で英語の講師してたのですが
現実の日本の学生は大変そうでした
期末テスト
小テスト
アニメは学校の楽しい部分を誇張しているのであってリアルで学生はどこでも大変だよね

遠足はありますよね？ 旅行中パルミラ遺跡で 小学生の 遠足みかけたので
ワイワイ
遠足はありますが 遠足は希望制ですね
希望制⁉ 参加しない人も いるってこと なんですか？
ざっ
もちろん いますよ
遠足費がそこそこな 値段しますので お金払えない家庭のこと も考慮してという話ですね 子供が多い家庭だと 負担も大きいですしね
父
母
子供
1
2
3
4
5人
年収6万ポンド
遠足費200ポンド ×5人=1000ポンド
貧富の差や 子供の多い家庭が 結構あるシリアなら ではの話かも
となると本人が 興味ないしダルいから そういう理由で不参加 ってのもありって ことですかね？
う〜ん おもしろくなさそ…
あると思いますね 高校生とかだと 参加しない生徒も 珍しくはないようです
なんと！
個人主義が強いから 不参加も普通のことってのは 日本人学生でうらやましいと 思う人もいそう

先輩・後輩という言葉がない

日本のアニメで先輩・後輩って言葉でてきますけどあれもないですね
せんぱい
アニメの字幕でも後輩・先輩日本語そのままで書いてありますね
سينباي
アラビア語アルファベットでローマ字のように音だけでかいてます
え！ 学校のクラブの時に年上の人いう時は？
???
学校にクラブはないです
スポーツしたいなら一般のスポーツクラブに入るとか音楽したいなら与党バース党青年部のブラスバンド入るとかそういう感じですね
なるほど習い事しかないってことなんですね
そうなると学校で同年代以外と会話する機会がないですね
イベント
ほぼなし
クラブ活動なし
そうなりますね
文化祭も体育祭もないとなると本当に学校は勉強だけする所になってない!?
そんなバカな!!
あの・・・
そもそも学校は勉強しに行くところですけどね

チームワークの物語がすばらしい

シリアのオタク達は、日本の「学園もの」を好んで視聴します。また、シリアで最も有名な日本アニメには、「キャプテン翼」（アラブ諸国でのタイトルは「キャプテン・マージド」。翼くんは「マージドくん」と呼ばれる）、「スラムダンク」のような、日本の小中高校の運動部を舞台にしたアニメが含まれています。

シリアの公立学校は日本の学校と大きく異なり（次項で詳しく紹介します）、クラブ活動や文化祭もありません。シリアの人々が、システムや環境の異なる日本の学校を舞台にしたアニメを観て、どのような感情を持つのか、どのあたりに感情移入できるのか？と考えたことがあります。

物心ついた時から「キャプテン翼」を観ていたという、あるオタクの大学生は「チームメイトやクラスメイトが一人ひとり力を合わせ、大きな目標に全力で取り組む姿が素晴らしいと思ったし、うらやましかった」と話していました。すると、その脇で話を聞いていた彼の父親が、「日本人が4人いたら、1つのチームを作る。シリア人が4人いたら、チームが4つできるからな」とやや自虐的な喩え話を言って笑ったので、反応に困ったことがあります。

アラブ人は一般的に個人主義的傾向が強いですが、特にシリア人はその傾向が強いとされ、組織内、時には親族間での「派閥作り」をよく見聞きします。2011年に発生し現在も続くシリア内戦においても「派閥作り」の問題がはっきり現れました。2011年以降、現政権の打倒、政権交代を目指す反体制派が国内外で数多く結成されました。これら諸派が時間をかけて糾合され、ひとまず統一機構が結成されると、その内部で派閥争いが激化……。この混乱を見ていた、国外に亡命したシリア人オタクの1人は「反体制派の人々はもっとアニメを観て、マージド（翼）やハッサーン（桜木花道のアラビア語名）を見習ってほしい……」と話していました。

クラブ活動や学校行事がほとんどないシリア

以前、あるシリア人のオタクがSNS上で、「学園もの」の日本アニメの画像とともに、「学校生活は、アニメの中だけで輝いている」という「格言」を投稿したことがありました。この投稿のことを私に教えてくれたオタクの女性は、ダマスカスで有名な公立女子高の卒業生でしたが、「学校ではいい友達に巡り合えたけれど、学校での良い思い出、というと思いつかない。学校行事と呼べるものが無いから……。日本の女子高でお祭り（文化祭）を開催しているのをアニメで知ったときは驚いた」と話していました。

シリアの公立学校では、基本的に文化祭や体育祭、クラブ活動がありません。課外活動としてスポーツをやりたい生徒は地元のスポーツクラブに入り、音楽をやりたい生徒は、与党バース党青年部のブラスバンドに入るか、教会のスカウトのブラスバンド・合唱隊に入る（生徒がキリスト教徒の場合）ことを選択します。全校生徒が参加する学校行事といえば、独立記念日や、戦勝記念日を祝賀する行事ですが、形式通りのスピーチ（現政権を称賛する内容）の後、大統領や軍をたたえる歌を歌うといった内容で、この行事を楽しむ生徒はほとんどいません。

ある仕事で、シリア人の学生と一緒に、日本の漫画を翻訳していた時のことです。作業を始めた当初は順調でしたが、「先輩」「後輩」という言葉が出てきたとき、困ってしまいました。「先輩」「後輩」にあたる適当なアラビア語がなかったのです。仕方なく、一語以上を用い訳しましたが、この時共に作業をした学生に「そういえば、学校の『先輩』たちのことをほとんど覚えていない。唯一覚えているのは、同級生のお兄さんぐらいかな」と言われました。

シリアの社会にも上下関係はもちろん存在しますが、学校においては、クラブや委員会活動が無いので、上級生・下級生が接する機会がほとんど存在せず、「先輩」「後輩」の関係が生まれないのです。加えて、同じ学年でもクラスが違うと「同窓生同士」という意識もほとんど生まれないようです。親族や近所同士などでは濃密な人間関係が見られるシリアですが、公立学校においてはドライな人間関係が存在しているように思われました。シリア人オタク達は、「時に厳しく、時に優しい先輩」の存在に憧れますが、シリアの学校でもこうした関係が生まれることを望むか聞いてみると、「うーん……親戚や隣近所同士でいろいろな付き合いがあるから、この上、学校で濃い関係が生まれると、結構面倒かも……」と、複雑な心境のようでした。

3章◎ネットで交流！ シリアと日本のオタクたち

内戦後のダマスカス日本語教育

内戦下でのダマスカス大学の日本語学習記事！
なんとっ
日本留学経験のあるヘバさんが後輩に日本語を教えて・・・え！ ヘバさん⁉
ヘバさんは内戦前大阪に留学していた時の友人で
お久しぶりです！シリア料理のマクルーベをどうぞ！
わ〜!!
やった久しぶりのヘバさんのマクルーベ！
1年の留学を経て一度シリアに帰り内戦後再度日本へ留学
内戦後は日本人の先生が日本に帰国したから自分達で教えてたんだよね？
はい！ 日本語教育の教授法というのがあるのですけど
自分達で調べて教えあってました
私はて形を調べて教えるわ
キャ
キャ
じゃあ私はひらがなを教えるね
ある意味自由にできたので楽しかったですね
逆境の中ですら楽しめるなんて日本語愛が深いなぁ
ヘバさんが日本にいるってことは今のダマスカス大学は
ハッ
今は日本語教えられる人がいないので・・・

日本語は
やってないです
あの日本オタクが
いっぱいのあの場所が
もうないのか
戦争っていろんな
ものを奪って
いくんだな
でもいつか
シリアに帰って
また日本語を
教えたいです
そのために日本で
頑張ります！
こういう人がいるから
今はなくてもいずれ
あの場所は復活するよね

内戦中のビザ取得も一苦労

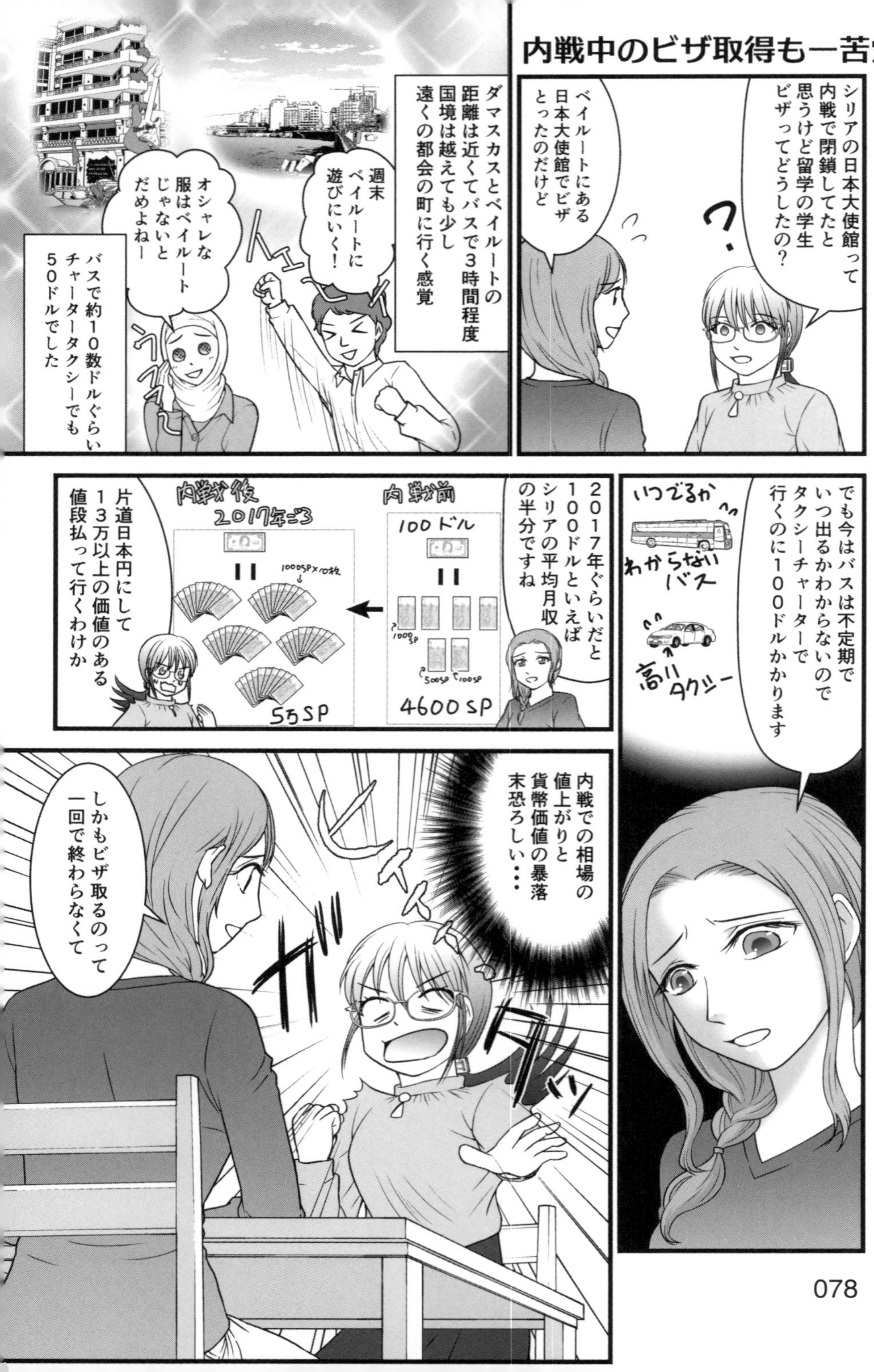

シリアの日本大使館って内戦で閉鎖してたと思うけど留学の学生ビザってどうしたの？
ベイルートにある日本大使館でビザとったのだけど
ダマスカスとベイルートの距離は近くてバスで3時間程度国境は越えても少し遠くの都会の町に行く感覚
週末ベイルートに遊びにいく！
オシャレな服はベイルートじゃないとだめよねー
バスで約10数ドルぐらいチャーターはタクシーでも50ドルでした
でも今はバスは不定期でいつ出るかわからないのでタクシーチャーターで行くのに100ドルかかります
いつでるかわからないバス
高いタクシー
2017年ぐらいだと100ドルといえばシリアの平均月収の半分ですね
内戦前
100ドル
1000SP
500SP
100SP
4600SP
内戦後
2017年ごろ
1000SP×10枚
5万SP
片道日本円にして13万以上の価値のある値段払って行くわけか
内戦での相場の値上がりと貨幣価値の暴落末恐ろしい・・・
しかもビザ取るのって一回で終わらなくて

何度もベイルートに行かないといけないんです
毎回100ドル～
ヒェ～
ビザ取るだけで月収何か月分いるんだか
ベイルートから帰る時にお兄さんが迎えにくるはずだったんですけど
君のお兄さんから頼まれてきたから乗って
ばっ
だれやねんお前⁉
はぁあっ
ほらこれ君のお兄さんだよね
やあヘバ！彼の車に乗って国境近くまで来て
イヤ…まぁ…
そうですけど…
内戦後治安が悪化し身代金目当ての誘拐なども多発している上に
国境付近は治安がさらに悪化している所が多いので
車で密室に近い状態で見知らぬ男性と二人きりは怖いわけです
うわぁあっ
うおぉ
だからお兄さんも一緒に来るはずなのになぜ!!
さー乗って乗って！
ううう…背に腹は代えられない！乗るしかない！
ドーン

ドキドキ
フフ〜ン
フフ〜ン
ほら着いたよ!
兄さん!
うわぁ〜ん
実はベイルートまで迎えに行きたかったんだけど
俺だけ国境越えられなかったんだー
おまえはコッまで
オレだけ行くねて
それで彼に頼んだわけなんだーごめんねー
ゴメン〜
じゃーダマスカスまでもどるぞ〜
へナへナ〜
はぁぁぁっ
ダマスカスに大使館が戻って来たらこんな危険な事しなくていいのに・・・
内戦になると簡単にできたことに膨大な労力払うことになるんだな・・・
うわ〜っ

女性の一人旅、一人暮らしについて

シリアでは、観光目的で一人旅をする女性や、一人暮らしをしている女性に出会う機会は少ないです。一方、シリアから近隣諸国に向かう飛行機や、国内の長距離バスの中では、一人で乗っている女性をよく見かけます。アラブ諸国を旅するようになる前は、漠然と「宗教的制約や保守的な慣習ゆえ、アラブ世界で女性が一人で国内外を旅することはない」というイメージを持っていたので、初めて機内やバス車内で「一人旅」の女性を見た時は驚きました。

シリアの女性が一人で旅をする機会が増えたのは、1970年代後半のようです。外国、特に湾岸アラブ諸国で働く女性(看護師や教師など)が増えたほか、国内では、都市部の大学に進学したり、就業する女性が増えました。1990年代頃からは、国費留学生として一人で海外に渡航する女子学生も出始めました。それ以前、保守的な地域の家庭では、女性が出稼ぎに行ったり、高等教育を受けることを快く思わない風潮がありましたが、1970年代後半に国内の社会・経済が不安定となったことで、外国で就労する、または高等教育を受けることでより良い職に就き、安定した生活を送れるようになることが良しとされるようになったようです。

独身のシリア人女性が親元を離れて生活することは珍しくなくなりましたが、一人暮らしをするケースはそれほど増えなかったようです。外国の出稼ぎ先では、同じ職場の女性同士でルームシェアをする場合がほとんどで、ダマスカスなど都市部に進学した地方出身の女子学生たちは、大学の寮か、同郷の女性同士でアパートを借りてルームシェアをしていました。一人暮らしの女性が増えなかったのは、経済的な理由が主だったようです。湾岸アラブ諸国はもちろんのこと、シリア都市部の家賃は非常に高く、小さなアパートでも家賃は月給の半分（またはそれ以上）に相当することはザラです。また、経済的に余裕があっても、一人で暮らすことに魅力を感じている女性が多くないことも考えられます。私の知人の女性が、以前ダマスカス市内で一人暮らしを経験したことがあったので、感想を聞いてみたところ、「大勢の兄弟や親戚たちと育ったから、真っ暗な部屋に帰ることが、これほど寂しいとは思わなかった……」と話していました。

以前シリアで聞いた、「絶対に存在しないアラブ人」というジョークに、「穏やかに話すヨルダン人（ヨルダン方言は、シリアやレバノン方言と比べ荒々しく聞こえるとされる）、カプサ（炊き込みご飯の一種）を3日間食べないサウジアラビア人、孤独を好むシリア人」というものがありました。女性が一人で国外に渡航したり、出身地から遠く離れた都市部で一人就学・就労することが珍しくなくなってから相当な年月が経ちましたが、「お一人様」を楽しむ文化は、まだ広がっていないように思います。

ネットで交流！シリア研究会
東京外国語大学のシリア研究会ってあるんだ！
ダマスカスやアレッポにスカイプで交流!?これは話を聞かねば！
元シリア研究会のみなさんに来てもらいました！
よろしくです
YMさん
AYさん
HBさん
シリア研究会に入った理由を教えてください
シリアといえば内戦のイメージが強くてそれで興味持った感じですね
私も同じです
僕もそうですね！特に高校時代ISが騒がれていたので
ハッ
内戦前のシリアって知ってます？
あんまり知らないですね気が付いたら内戦だったって感じですね
20代
40代
20代
ジェネレーションギャップが辛すぎる
ですよね〜
う
みなさんはアラビア語学科ってことでいいですかね？
実は私は違うんですよね

中国語専攻でして
シリア研究会にはもともと
取材したいと思ってたら
気が付いたら入ってましたね
ミイラ取りが
ミイラになった
パターンかな
内戦中のダマスカスや
アレッポとスカイプで
どういう交流したんですか？
お互いに今を
何してるとか
たわいもない
会話してました
日本語学習している
大学生の日本語練習
相手という
感じですね
内戦で日本人の先生も
日本に帰ってしまって
唯一日本語使える
機会だもんな…
ダマスカス郊外の町の
小中学生とも
スカイプしたんですが
キャ
キャ
シリア方言の
アラビア語で
まったくわからない
なぜっ
いきなり
歌い出した！
そんなやり取り
でしたけど
楽しかったですよ
子供たちも
かわいかった
ですしね
さすがあっちの
子供は元気
あふれすぎて
フリーダム！

内戦中のスカイプって通信とか途絶えたりしないですか？
？
それは大丈夫だったんですけど
ダマスカスは戦火は少なそうだったのですが検問がすごいみたいで集まるのが大変そうでしたね
おくれる
みんなまだ～
おそい～
なっ!!
そっちが大変とは盲点！
ダマスカス大学の写真の得意な友達やアレッポ大学の人たちと組んでシリアの写真展を日本でしたことあるんですよ
会えなくてもネットだからこそできる企画ですね！
でもこの写真展の1週間後ぐらいに空爆で日本センターの生徒さんが亡くなったんですよね
交流直後の空爆
ほのぼのしてたけど内戦中なんだよね

スカイプでシリア人と交流した後のシリアのイメージ変わりました?
私は紛争が起こって国民が困窮する国のイメージしかなくて
シリアの教育水準が高くすごい洗練された人が多い国だってびっくりしました!
も
たしかに
内戦になる前はシリアが一番識字率も高くてアラブ圏での出稼ぎでも技術職や教師とか多かったよね
私は初アラブがサウジアラビアでしてアラブ＝イスラームだけではないのでは?と思って
トルコ
イラク
サウジアラビア
実際シリア人と話してみたらさまざまなバックボーンを持っている人たちが
宗教ちがえど
オレ達友人
お互いの違いを認めて共存しているのが魅力的だなと思いました
内戦でそういうのが分断されてるのが悲しいですね
む〜
フン
戦争って個々で仲良くできてた事を潰してしまうよね

交流前はシリアの国のイメージはあってもシリア人のイメージがまったくなかったんですよ
交流してみてすごく繊細で静かな人が多いですよね。特に他の中東諸国とくらべて
交流していたシリア人が「シリア人の性格は日本人に似てる」と言ったのが印象的でした
某アラブ人
シリア人
確かにアラブの中でも日本人と気質が似てる所多いんだよねぇ
当たり前ですが知らないとアラブでひとくくりにしがちですが
本当に場所によって色々な人がいるのだなと感じましたね
実際交流してみて初めて実感できることなんだよね
この感覚をシリア人と交流できない人たちにも少しでもこの漫画で伝えたい！
交流したからこそ見えてくる貴重なお話ありがとうございました！
どういたしまして〜!!

アニソンがきっかけでオタクになる

シリア在住の学生のオタクとか取材したいですね
日本アニメがきっかけで日本語が話せるオタクとシリアで会ったのですが
ラブライバーの推しはダイヤさんですね
あ！会長！
同士《ラブライバー》!!
シリアのラブライバーなんですよ
キャラ名ではなく役職で言ったので
わ〜!!
それはぜひ！
はじめまして！ハニーンです！いま22歳の大学生です！ラブライバーで好きなキャラはマキちゃんです！
おお！なんか素敵カフェからスマフォで動画チャットできるとは！
22歳だと若いしONE PIECEあたりのアニメでオタクになったとかかな？
オタクになったきっかけは何のアニメなんですか？
えっと〜
私はアニメというより

うみねこのなく頃に※1の主題歌の片翼の鳥がきっかけでアニメを見るようになりました
11歳の時に兄が
え！アニソン!?
どこでその曲を知ったんですか？
この歌いい！私もこのアニメ見たい！
それがきっかけで日本語を勉強し始めました
11歳から日本語勉強し始めたって…正直学校の勉強とまったく違いますよね

なんで日本語なんかやってるの？外国語やるなら英語じゃないの？
だって日本語好きだもん
と言われて変わり者って感じでした
その後15歳の時に日本語を教えてくれる語学の塾に行って習いました
なんと!!
学校の勉強もあるのに別に多言語を高校生から習い事で習うってすごい
戦争でダマスカスは大学も日本語教える所がなくなり日本大使館も引き上げて
日本語はやってないです
あの日本オタクがいっぱいのあの場所もうないのか
戦争っていろんなものを奪っていくんだな
内戦始まってから日本との交流なんてほとんどない時代に
インタビューを日本語でやり取りできるほど習得してるなんて!!
最近好きなアニメは憂国のモリアーティー※2ですね！
アニメや漫画のパワー リアルの交流が途絶えても日本語学習者や日本のファンを生み出す力があるんだ
いつか日本行きたいです
ぜひきてろ

アレッポ大学・日本センター

シリア研究会でアレッポ大学の日本センターの人ともスカイプで交流してました
あっ!!
旅行中にここでも漫画のワークショップしたっけ
日本センターの副センター長のマンスール先生です
ようこそ!アレッポでなにかしたいことがあれば相談に乗りますよ
副センター長!なのに物腰やわらかい
マンスール先生はシリアにおける日本語教育においてすごい人なんですよ!
なにか只者ではない雰囲気!
アレッポの日本センターは内戦中もずっと閉鎖することなく持続してやってる所で
その副センター長のマンスール先生が日本にいるんですがインタビューします?
本当ですか!ぜひしたいです!
一瞬だけ会ったことあるとはいえ偉い人だし・・・
あわわわっ
なんか緊張してきた
はじめまして!マンスールです

あのアレッポ大学の日本センターのことについて
アセッ
アセッ
あの～？
それはお答えしますけどあのあなたは一体誰ですかね？
すすすみません自己紹介忘れてました！
ギャー
おちついてくださ～い
大丈夫ですよ
めっちゃいい人だー
マナルといいましてシリアの日本オタクのことをレポ漫画に描きたくて
実は昔シリアに旅行中に日本センターで漫画のワークショップしたときに少しだけ挨拶したことがありまして
アレッポ大学日本センター
そこでもお願いします！
え！すみません覚えてないです
ガーン
実は日本センターは多くの日本人研究者や学生等の受け入れも積極的にしてててその窓口とサポートをマンスール先生が主にしているんですよ
そういうわけでたくさんの日本の方と会ってるので覚えてないです
あんな感じでいっぱいの人に会ってるんだろうな
日本センターの副センター長のマンスール先生です
ようこそ！アレッポでなにかしたいことがあれば相談に乗りますよ
副センター長！なのに物腰やわらかい
マンスール先生が日本のことに興味を持ったキッカケとは？
ところで・・・
シリアでは日本があまり知られてない国だったのと・・・実は

カラテをやってまして日本に来ても続けてやってまして黒帯なんです
そういえばアラブでもカラテは人気ですよね
そうですね アラブ人のカラテは
ヤッター
くそ
攻撃メインの勝ち負けのスポーツという感じなんですが
本来は防衛するための体と心の技なんですよ
マンスール先生って謙虚さがにじみでて物腰がやわらかだけど
芯が強そうな雰囲気はカラテ精神から来てるのかも知れない
日本に最初に来たのはいつぐらいでその時アニメとかみてました?
専門は工学で日本には88年から99年までいまして子供と一緒にドラゴンボールとか北斗の拳※3とか見てました
特に北斗の拳は

あ！もうすぐ
北斗の拳が
始まる時間！
早く帰らないと！
Wハッ
ピューーッ
ゼーゼー
まにあった……
もうすぐ
はじまるよ〜
ポチッ
放送時間に
間に合うように
帰って見てましたね
ホッ
そこまで！
はまっていたとは！
その後アレッポに帰ってきて
日本センターの副センター長
を11年間やってました
アレッポの日本センターは
シリア人主導で始まった所で
日本人の先生がいなくなった
いまでもずっと日本語教育を
しているところなんです
なんでも
聞いてください
これは面白い話
聞けそう！
わ〜〜

用語解説

※1　**うみねこのなく頃に**

2007年に発売された同人サークル 07th Expansion 制作のビデオゲーム、ならびにこれを原作とするマンガ、アニメ。ある孤島で発生した密室連続殺人の謎を追うミステリー作品。作品の性質上これ以上なんも言えません。

※2　**憂国のモリアーティ**

2016年からジャンプスクエアにて連載中の竹内良輔・三好輝による漫画。シャーロック・ホームズ作品を原案とし、ホームズの宿敵・モリアーティ教授を主役としている。現在まで小説・アニメ・舞台に展開されている。

※3　**北斗の拳**

1983年から週刊少年ジャンプにて連載された武論尊・原哲夫による格闘漫画。核戦争終結後の崩壊した世界を舞台に北斗神拳伝承者であるケンシロウの人生を描く。本作の大ヒットは後のジャンプ漫画の基礎を築いた。

シリア旅行で食べたシリア料理と食べ物

レタス、キュウリ、トマト
パセリなどを細かく刻んで
オリーブオイル、塩、レモン
で味付け、そこに揚げた
ホブスをあえたサラダ

シリア人の日本語講師ならではの苦労話

シリア人に日本語を教えて苦労することはなにかあります?
私は初級の生徒を教えるのですが
日本のアニメで聞いたのですが「デニる」ってなんだかわかります?
先生なら知ってますよね
で・・・デニる?
デニーズに行くの略語か!
ぬお゛お゛お゛〜!!
調べるのに数時間かかり
こんな言葉覚える前にひらがな覚えてくれ
アニメから知った流行語などの質問がすごい大変です
先生!私もカラテやってまして「マイギイ」習いました!
それは「前蹴り」と発音するんですよ
マイギイって機械の部品みたいな名前になってて意味不明ですよね
まえげり
MAEGERI
MAIGIRI
まいぎり
ぞっ
う〜ん
アラビア語の母音は「ア・イ・ウ」しかないのでエとオがイとウになる事の間違いを指摘すると

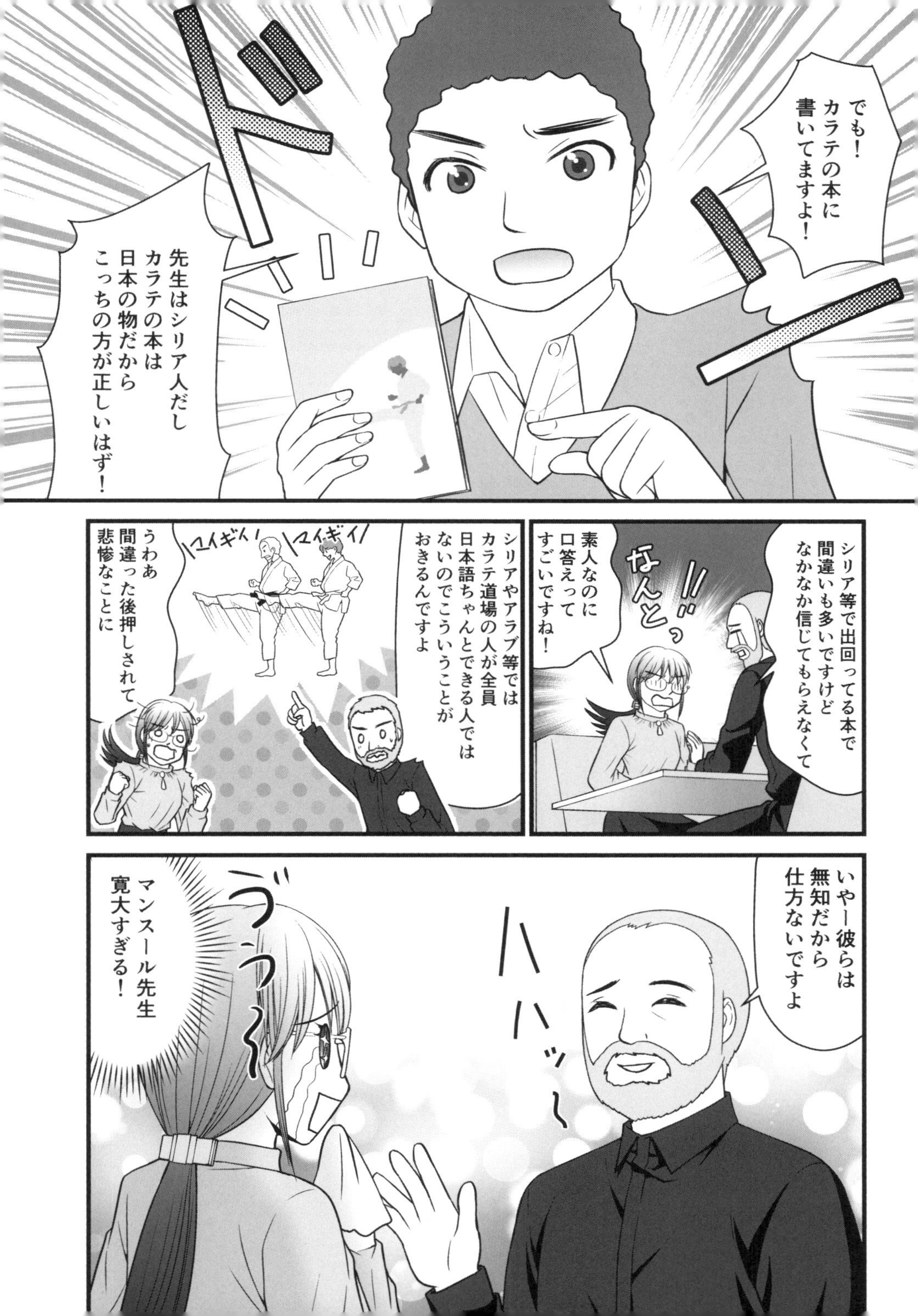
でも！
カラテの本に
書いてますよ！
先生はシリア人だし
カラテの本は
日本の物だから
こっちの方が正しいはず！
シリア等で出回ってる本で
間違いも多いですけど
なかなか信じてもらえなくて
なんとっ!!
素人なのに
口答えって
すごいですね！
シリアやアラブ等では
カラテ道場の人が全員
日本語ちゃんとできる人では
ないのでこういうことが
おきるんですよ
マイギィ！
マイギィ！
うわぁ
間違った後押しされて
悲惨なことに
いやー彼らは
無知だから
仕方ないですよ
ハハッ〜
う〜〜
マンスール先生
寛大すぎる！

内戦中も日本語学習の場を提供

アレッポって戦闘が結構激しい時期もあったですし
確かアレッポ大学も爆撃されたこともありましたよね
まあ私こうみえても工学博士なのでお手のものなんですよ！
あっそ
そんな時も日本センターは開いていたってことですよね？ネットなどを切断した時期とかもあったんですか？
いいえネットも常につなげてましたね
アレッポ大学でも他のところは閉めていたり
ネットなど切断して使えないとかあったみたいですが
Loading…
そういえば言語学者とかじゃないんだった日本語ぺらぺらだし教えてるエピソードで忘れがち
内戦中どこにも行けない学生のために開けているんですよ

アレッポは市内全域で政府側、反体制派側が入り乱れてて
えー またけんもん…
ここも危ないー!!
ダマスカスに比べて移動も非常に困難で危険なんですよ
ガラーン
うぶぶ～ しまってる～
今日も外出できない
なのでどこの施設も閉鎖している状態なんで基本的に家にいるしかないんですよ
よく考えたらマンスール先生も同じ状況なのに
ぶ～っ
どうぞ～
日本語を学ぶ学生のために毎日開け続けるって・・・
今は日本にいますが毎日ネットで日本センターと連絡とってサポートしています
シリアと日本のつながりを絶えさせない強い信念がなせる業なんだろうな
他のシリア人にびっくりされるんですけど

日本センターのトイレ掃除は私がいつもしてたんですよ
副センター長が！トイレ掃除って！
なっ
アラブではトイレにジン＊が住んでいるというぐらい文化的にも嫌われている所
うーん
日本人のトイレに素敵なインテリア置いたりする意味がわからない
日本のトイレのように飾ったりする習慣もなく
基本的にトイレを掃除する人を雇うのが普通
偉い人はもちろんしない
私にとって日本センターは子供みたいなものなんですよ
なのでトイレも私が掃除してました
シリアと日本の交流にこんなすごい偉人がいたとは知らなかった
いやー それにしても
こんなすごい人にインタビューとか光栄ですね！
マンガになるなんて〜
ハハ
いやいやいや
そんなっ
何もすごくないです！シリアのオタクレポ漫画描きたいだけのタダの人です！

＊ジン（イスラム世界で信じられてる霊的な存在。良いジンもいれば悪いジンもいる）

アレッポ大学日本センターとは？

アレッポ大学学術交流日本センター（以下、日本センター）は1995年、アレッポ大学学長と、イスラーム学者の黒田壽郎《としお》氏（国際大学中東研究所初代所長。1933－2018）の合意のもと、開設されました。アレッポ大学学長がセンター長に就任、黒田氏は副センター長に就任しました。センターでは日本文化・日本語に関する研究が行なわれ、文化交流事業も定期的に行なわれてきました。日本大使館の後援で、日本の伝統文化や習慣、産業に関する講演会、日本の映画の上映会を開催したほか、毎年1回開催される「日本フェスティバル」も有名でした。

日本語講座も日本センターの重要な事業です。内戦前は、JICAから日本人の講師が派遣されて授業が行なわれており、数百名単位の受講者が日本語を学んでいました。センターが1年に一度行なっていた「日本フェスティバル」では、ここで日本語を学ぶ学生達が、日本人の先生（JICAボランティア）や日本人留学生と共に活躍しました。「日本フェスティバル」は、学生のみならず一般の人々も来場できたため、子供からお年寄りまで、様々な人々がアレッポ中からやってきました。習字（来場者の名前を日本語で書いてあげる）や折り紙教室、和服の試着は、毎回行列ができるほどの盛況で、学生達が覚えたばかりの漢字を書いたり、折り鶴を作ったりすると、来場者からは驚きの声が上がっていました。

日本センターの歴代センター長はアレッポ大学学長が務めていますが、副センター長が実質的な責任者としてセンターの運営にあたっています。2002年に副センター長に就任し、以後十数年にわたりセンターの運営に尽力してきた人物が、マンスール先生なのです。

アレッポ大学日本センターで学ぶ日本語学習者達

私自身、2000年代の中頃からアレッポ大学、ダマスカス大学で日本語を学んでいる学生達と会う機会が増えましたが、ちょうどこの頃、日本語を学ぶ学生の数が増えていったように思います。当初は、「家業に役立つ」（父親が経営する貿易会社が日本と取引をしている、など）、「将来、日本の理工系の大学に留学したい」「空手を習っているので」といった動機の学生が多かったように思いますが、「アニメを通して、日本の文化に興味を持った」「日本のアニメを、吹き替え版ではなく日本語版で見たい」といった動機で日本語を学び始める学生に出会うことが多くなっていった印象です。

ちょうど、インターネットの違法動画サイトや、違法コピーのDVDで、日本語版のアニメ（アラビア語または英語の字幕付き）が、以前より広く視聴可能になった頃です。彼らは字幕と照らし合わせて、日本語の台詞を丸暗記していきました。台詞の暗記だけでは満足せず、日本語の理解をより深めようと思う学生達が、日本センターの日本語講座を受講するようになったのです。

私は一時期、ダマスカスで日本語の家庭教師をしていたことがありましたが、アニメから日本語を「学んだ」人を担当したことはなく、マンスール先生のような苦難（？）を経験したことはありません。が、一度だけ、ダマスカスで驚いたことがありました。ある見本市の会場で、偶然会った女子大生が「アニメを見て日本語を少し覚えたので、近いうちにダマスカス大学の日本語講座を受講したい」と話しかけてきました。彼女とは主にアラビア語で話しましたが、時々口にする日本語の単語の発音がとても綺麗なのが印象的でした。別れ際、彼女は丁寧な口調で「今日は貴方とお話しできて嬉しかった」とアラビア語で言ったあと、少し姿勢を正して、日本語でこう言ったのです。

「また、お前に会えるのを楽しみにしてるぜ！」

日本との懸け橋的存在の日本センター

日本センターは設立以来、シリアや、アラブ地域、イスラーム史等を研究する日本の大学院生、研究者の受け入れも積極的に行なってきました。アレッポには、中世・近世の古い街並みや建造物が多く現存していた（その多くが、今回の内戦で大きなダメージを受けました）のみならず、中世以来の文化・慣習が受け継がれており、研究者にとっては非常に貴重な、「生きた歴史」の街です。日本から来た大学院生・研究者のアレッポでの活動を全面的に支えたのも、マンスール先生でした。先生はアレッポの歴史、文化、建築、イスラーム法学に関する知識が豊富な上、現地の歴史学者、旧家の有力者、商工業者、イスラーム法学者に広く知己を持っており、研究者のフィールドワークを強力にサポートしました。

内戦開始直後、日本センターにいた全ての日本人が退避し、翌年にはアレッポ市内のほぼ全域に戦闘が拡大しました。アレッポ大学の周辺も危険な状態になり、大学に対する爆撃、砲撃も起き、学生にも死傷者が出る中、マンスール先生は日本センターを守り続けました。

「日本センターは、自分にとって大切な、大切な存在です。それで、センターのトイレも、自分で掃除するんですよ」

大学を含むシリアの公的機関には、清掃を行なう用務員が雇われています。大学の職員、しかも教授の地位にある人が、自分が運営するセンターのトイレ掃除をすることなど、通常考えられません。

「トイレ掃除の話をシリア人の友人達にすると、誰もが驚きます。でも、私にとって日本センターは、自分の子どものように大切な存在です。……命を懸けて守ってきましたからね……」

今でもマンスール先生は、日本センターを運営する職員たちと、ほぼ毎日連絡を取り続けているとのことです。

４章◎日本に来てオタクに目覚める

日本に来てオタクになる！

條支さんは元々何でシリアに興味を持ったんですか？
？
日本古代史に興味がありましてビーズやガラスが中東からきてるんですよ
そんな古い時代日本と中東ってつながりあったんですねー
正倉院宝物　「白瑠璃碗」
6世紀ごろ
ササン朝ペルシア
ココから
そうなんですよねーそれでその中東にも興味をもってアラブに留学しようと思い
パレスティナに行こうとおもったのですが・・・情勢が不安定だったのでシリアに留学したんですよ
トルコ
シリア
イラク
イラン
中国
インド
エジプト
サウジアラビア
パレスティナ
ポリッ
岩のドームと嘆きの壁
内戦前はむしろ中東の中で安定している地域ってイメージでしたもんね・・・
留学中に現地の貿易会社に雇われてその後知り合いを通じて今の妻を紹介してもらったんですよ
オタクになる前は奥さん全然日本語もしゃべる方でもなく非オタクのシリア人だったのに・・・それが今やコミケに行くほどになるとは
FBでのシリアの日本アニメオタクの巨大コミュニティー管理者もやってますよ
なんだって!!
奥さんに日本で何があったの!!

ということで日本に来てオタクになった條支さんの奥さんのフルードさんにインタビューー！
まずはシリアで日本のアニメを見てましたか？
子供のころ日本アニメ見てましたよ！ベルサイユのばらとか
あと…アンデスが舞台のアニメで
えーと
あっ!!
もしかして母をたずねて三千里※1ですかね？
それじゃなくて…これですね
アンデス少年ペペロの冒険※2という名前のアニメですね…
なんと!!
有名タイトル以外も昔から色々放映されてたとは！
大人になってからはどうですか？
子供と一緒にアニメを見てたぐらいですね
当時日本アニメ専門の衛星放送TVも国営放送のアニメも古いアニメが多かったんですよね
今は新しいアニメも放映されてます
シリアの国営放送でも日本のアニメ流れてるとは！どんなアニメなんですか？

昔みましたし
古すぎです～
キャプテン翼とか
サスケ※3ですね・・・
うぅん
そのラインナップだと
大人になって再度
アニメに夢中は難しそう
日本に来てTVで日本のアニメが
たくさん見れるのでそれで
ハマりましたね！
キャ
キャ
キャ
キャ
へー
どんなアニメ
好きなんですか？
鬼滅の刃も見てます！
特に好きなのは
文豪ストレイドッグス※4と
戦国BASARA※5ですね！
ウフフフ
ラインナップがいきなり
今時のアニメ！
気軽に最新アニメが
見れるのがキッカケなんだ
つまり・・・環境とキッカケが
あれば今の30代以下の
非オタクのシリア人が
日本アニメオタクに
転身する可能性が高い！
日本アニメオタクが
シリアで急増するの
もうなずける!!
ハッ
コミケにコスプレを
見に行ったりしてると
聞いたのですが
それ以外になにか
オタク活動してます？
あっ
FBでシリア人の
日本アニメ
コミュニティーで

日本のアニメに出てくる歴史上の人物や出来事を調べて紹介してますね
なんと!!
と
なんて真面目なオタク活動!
シリア人はアニメは全部嘘だと思ってることも多いのでびっくりされますね
なるほど! 元ネタを調べてみて実像とのギャップとかあります?
文豪ストレイドッグスの太宰治が好きだったのですが実史では心中するので幻滅してしまいましたね
ううう〜ん
ポリッ
アニメだとカッコいいキャラ化してる別物だしねぇ
戦国BASARAの伊達政宗キャラが好きで調べたら
実在の政宗が武将だけでなく政治家としても文化人としても魅力的でさらに好きになりましたね!
ゴゴゴ
ゴッ
オオ〜!!
そのうちシリア人の日本アニメの聖地巡礼者も増えそう

用語解説

※1　**母をたずねて三千里**

１９７６年1月4日から12月26日までフジテレビ系列にて放映されたアニメ。全52話で、世界名作劇場第２作目にあたる。９歳の少年マルコが母アンナを訪ねてイタリアからアルゼンチンへ旅をする物語。原作小説があるのだが短編のため情報量が少なく、テレビアニメ向けに魔改造された結果見ごたえある物語になっている。

※2　**アンデス少年ペペロの冒険**

１９７５年10月6日から１９７６年3月29日までテレビ朝日系列で放映されたアニメ。全26話。アンデスを舞台に、インディオの少年ペペロが少女ケーナと共にエルドラドを探す旅を描く。なおオープニング曲の作詞はなぜか漫画家の楳図かずおが担当している。

※3　**サスケ（白土三平の方）**

１９６８年9月3日から１９６９年3月25日までＴＢＳ系列局で放送されたアニメ。全29話。白土三平による同題の漫画を原作とし、江戸時代初期を舞台に甲賀流の少年忍者・サスケの活躍と成長を描く。現代日本のエンタテイメント界における忍者観を打ち立てた金字塔的作品。

※4　**文豪ストレイドッグス**

朝霧カフカによる同題の漫画を原作とする、２０１６年から放映中のアニメ。孤児の中島敦を主人公とし、超能力を持つ異能者たちの戦いを描く。作中に登場するキャラクター名にはすべて実在の作家の名前が使用されており、能力の一部にも作家の特徴が反映されているが、容姿や性別には本人との関連性がほぼない。

※5　**戦国BASARA**

ＣＡＰＣＯＭによる同題のビデオゲームシリーズを原作とする、２００９年から２０１４年にかけて放映されたアニメ。伊達政宗を中心に戦国時代の武将たちの戦いを描くが、基本的には史実にとらわれない自由な描写が行なわれている。

内戦中の生活

シリアの内戦が始まった2011年3月当初はどんな雰囲気だったんですか？
それが半年もあれば終息するのではという雰囲気でしたね
え！他国が大混乱してるのに？そんなにのん気だったんですね
よその国は大変ねって
うちの所は大丈夫だけど
シリア国内においては何十年も混乱することはなかったのでみなどこか他人事だったんですよね
なんとっ
いまのシリアの状態しか知らない人からすれば衝撃事実
内戦してる国って常に政情不安定で内戦激化&長期化の危機感とかあるのかと思ってた！
最初は反政府側を抑えるためのインターネットの切断が多かったです
秋ぐらいまでそれ以外は内戦前と変わらない生活が送れていました
なるほど〜
一般市民にしてみれば生活に変わりがなければ危機感もないかも
それがその年の冬ぐらいから

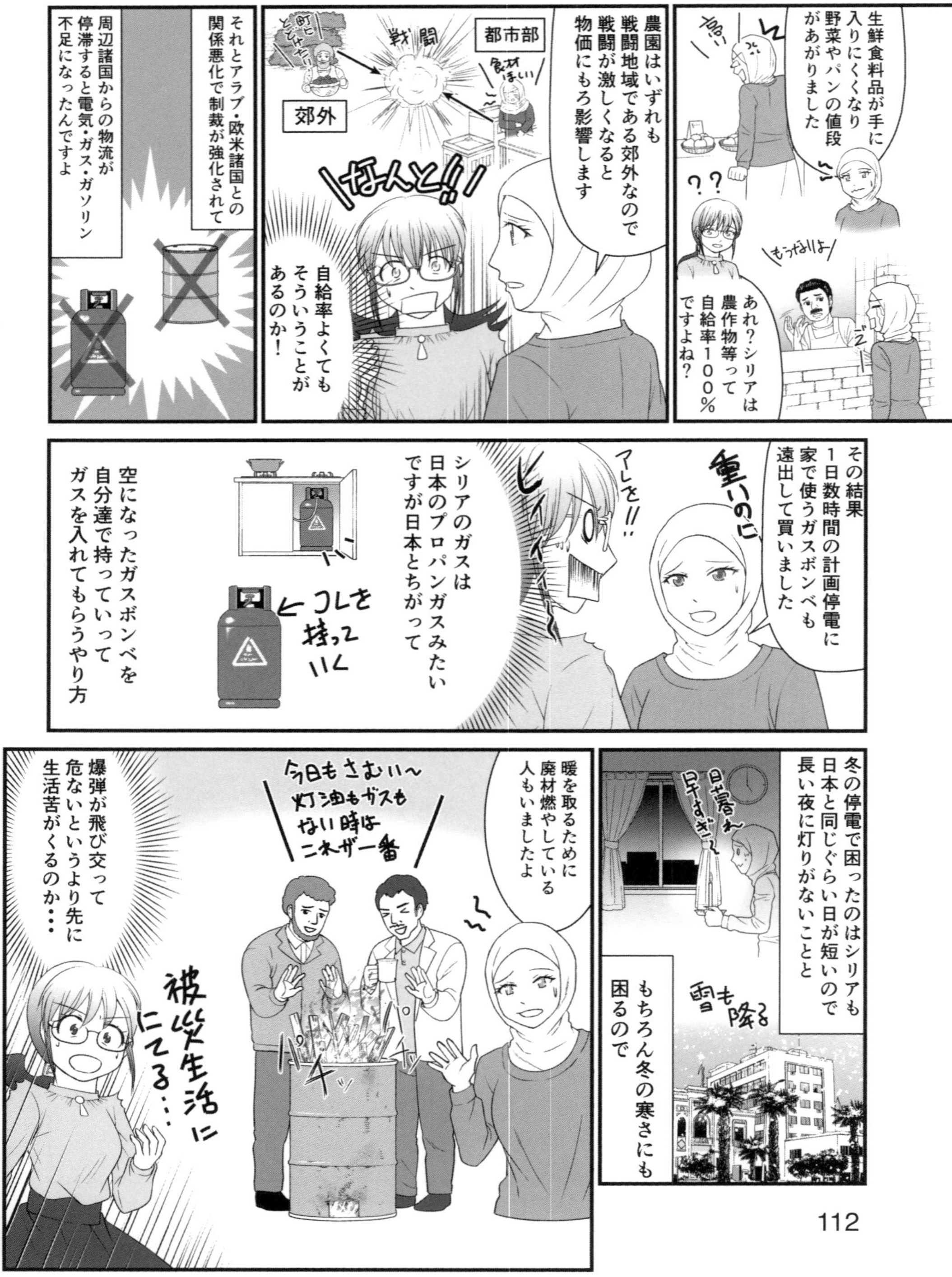
生鮮食料品が手に入りにくくなり野菜やパンの値段があがりました
高い
？？
あれ？シリアは農作物等って自給率１００％ですよね？
農園はいずれも戦闘地域である郊外なので戦闘が激しくなると物価にもろ影響します
都市部
戦闘
食材ほしい
郊外
なんと!!
自給率よくてもそういうことがあるのか！
それとアラブ・欧米諸国との関係悪化で制裁が強化されて
周辺諸国からの物流が停滞すると電気・ガス・ガソリン不足になったんですよ
その結果1日数時間の計画停電に家で使うガスボンベも遠出して買いました
重いのに
アレを!!
ヒィィィ〜
シリアのガスは日本のプロパンガスみたいですが日本とちがって
←コレを持っていく
空になったガスボンベを自分達で持っていってガスを入れてもらうやり方
冬の停電で困ったのはシリアも日本と同じぐらい日が短いので長い夜に灯りがないことと
日暮れ早すぎ〜
雪も降る
もちろん冬の寒さにも困るので
暖を取るために廃材燃やしている人もいましたよ
今日もさむい〜 灯油もガスもない時はコレが一番
爆弾が飛び交って危ないというより先に生活苦がくるのか・・・
被災生活ににてる・・・

そもそもなぜシリアに？

私が中東に興味を持ったのは高校生の時でした。そのころ日本古代史に関心があった私は、東京都内の博物館を回っていたのですが、古墳の出土品の中に、中東から伝来したガラス器があることを知り、シルクロードを通じた東西交易史を調べ始めたのです。調べていくうち、このガラス器が作られた中東に行ってみたいと思うようになりましたが、テレビや新聞で伝えられる中東の近況は、紛争のニュースが主。かつて様々な文明が栄えた中東で、なぜ紛争が絶えないのか？近現代の中東の歴史にも興味が湧いてきた私は、中東に関する色々な本を読み漁りました。

入学した大学では日本古代史を専攻しましたが、中東への関心は止まず、2年生の時に、アラブのどこかの国に1年間語学留学しようと決めました。行くならば、シルクロードと縁の深い国に……と、シリアかパレスチナ自治区（ヨルダン川西岸）を留学先の候補に選びました。パレスチナ自治区はその後しばらくして情勢不安になり、普段からお世話になっていた東洋史学の先生から、「シリアはアラビア語もフスハー（正則）に近い。それに安全な国ですから」とアドバイスを頂いたこともあり、シリアの首都ダマスカスにある、国立ダマスカス大学のアラビア語学科に留学を決めました。２００１年4月のことです。

シリアには、日本の大学を卒業後もう一度留学しました。留学期間が終わる頃、以前から付き合いのあった現地の貿易商社の社長に雇い入れられ、シリアに定住することになるのですが、同じ頃に私の妻と出会いました。シリア在住の日本人と結婚したシリア人男性または女性は、日本語を勉強していた、あるいは日系企業で働いていた、という場合が多いのですが、妻はこれまで日本との接点がほとんど無く、唯一の日本との接点は、日本人留学生の友人が一人いた、ということだけでした。その日本人留学生と私とは、一度目の留学の時以来の知り合いで、ある時彼女から妻を紹介されたのがきっかけでした。

内戦前のシリアの生活

2005年の夏に結婚してからは、シリアを拠点に日本との間を往復する生活を送っていました。結婚前、日本との関わりがほとんど無かった妻ですが、日本のアニメは子どもの頃から見ていました。好きだったアニメを聞いてみると、彼女は私より2歳年下にもかかわらず、「ベルサイユのばら」や「グレンダイザー」など、私が生まれる前に日本で放映されていたアニメばかりを挙げるのです。当時はアラブ諸国のテレビ局が、日本で数年前、時には10年以上前に放映されたアニメを放映することは珍しくありませんでした。

ダマスカスに住んでいる間、4回ほど引っ越しをしました。最初に住んだ家には衛星放送の受信機がなく、シリア国営放送しか視聴できませんでした。そのころの国営放送は、いまだに1970–80年代に制作された日本のアニメを放映していて、妻は「国営放送を観ると、子どもの頃に戻った錯覚を覚える」と話していました。

２０００年代の半ばは、多くの家庭に衛星放送の受信機が普及し、アニメ専門の衛星放送チャンネル「スペーストゥーン」の内容も充実してきており、子ども達の間では「ポケットモンスター」が人気でした。しかしこのころはまだ「アニメは子どもが観るもの」という見方が強く、「アニメオタク」を名乗る若者はいまだ現れていませんでした。日本のアニメが好きな大人に会う機会はありましたが、「子ども時代を思い出して『グレンダイザー』等の再放送を懐かしく観ている」といったケースが多かったように思います。当時はインターネットが普及しつつありましたが、動画を観られるほどの接続速度ではなく、最新の日本アニメをインターネット上で視聴できる環境にはありませんでした。

内戦初期のシリアの生活

２０１１年3月にシリア各地で反体制デモが頻発、やがて武装蜂起に発展し、全土が内戦状態に陥っていきます。首都ダマスカスにおいては、反体制デモの発生を抑えるため、当局が厳戒態勢を敷き、デモが発生しやすい週末には、インターネット回線が遮断されることもよくありました。一方２０１１年の秋頃までは、ダマスカスでの日常生活には大きな変化は見られず、「反体制デモも武装蜂起も、冬には終息していくだろう」と楽観的な見方をする人までいました。

ダマスカスでの日常生活に内戦の影響が出始めたのは、２０１１年の12月頃からです。欧米・アラブ諸国との関係悪化、諸国による対シリア制裁の強化、国内・周辺諸国間の物流（陸路）の停滞等により、電力・ガス・ガソリンの供給が滞り、食料品・日用品の価格が上昇し始めました。最も電力事情がよいとされたダマスカスの中心部でも、１日数時間の計画停電が行なわれるようになり、市内を走るバスは大幅に減便され（ダマスカス市内は電車が走っていないので、公共交通機関はバス、タクシーのみ）、市内の商店街では、店先で小さなドラム缶などに薪や廃材を入れて燃やし、暖をとる光景が見られました。

２０１１年末からは、首都や首都郊外の警察・軍・政府関連の施設を標的にした爆弾事件が起きるようになりました。この頃、近所のガス販売店でガスが手に入らなくなってしまい、私はよく、空のガスボンベを持って遠くの販売店まで出かけていました。ダマスカスの住宅は全てがプロパンガスで、大きな住宅にはガス屋が定期的に来て大型のガスボンベを設置交換していましたが、人数の少ない私の家のボンベは小型のもので、ガスが切れるたび、近所の販売店で充填してもらっていたのです。

ある時、ガスボンベをぶら下げ家を出ると、隣のマンション（軍関係者が多く居住していました）を警備していた兵士が血相を変え「止まれ！」と私を呼び止めました。ちょうど通りかかった、このマンションに住む知り合い（軍将校の子息）が「彼はここの住人なんだ」ととりなしてくれ収まりました。後で彼は「あの兵士、２、３日前ここに配置されたばかりだから、君の顔を知らないいんだ。ガスボンベの中に爆薬でも入っていると早合点したのかね……」と笑っていました。

ドォーン
作り方はネット動画
お手製迫撃砲
内戦中の生活で普通に買出しの話ありましたけど
内戦って爆弾や銃撃戦って毎日どこでもあって外に行くの大変危険じゃないですか？
内戦中でも戦闘が発生しにくい地域ってあるんですよ
え！ そうなんですか！ 内戦って常に爆弾が飛び交ってるイメージでした
戦闘が起こる場所は主に勢力争いしている反政府側の地域やその付近です
つまりそうでない所政府側の支配地域では戦闘は発生しないんですよね
ハッ
政府側の支配地域のダマスカス市内でも少人数の戦闘や迫撃砲とかありましたね・・・
当たり前だけど完全に安全ってわけじゃないよね・・・
それでもダマスカスはアレッポに比べてマシでしたね
アレッポ
ダマスカス
ダマスカスでも12年はじめごろ中心部から5キロ離れたグータ地域が
反政府勢力の支配下に入ってからは
カシオン山
ダマスカス中心部
グータ地域
ダマスカス国際空港
そういえばマンスール先生の時に

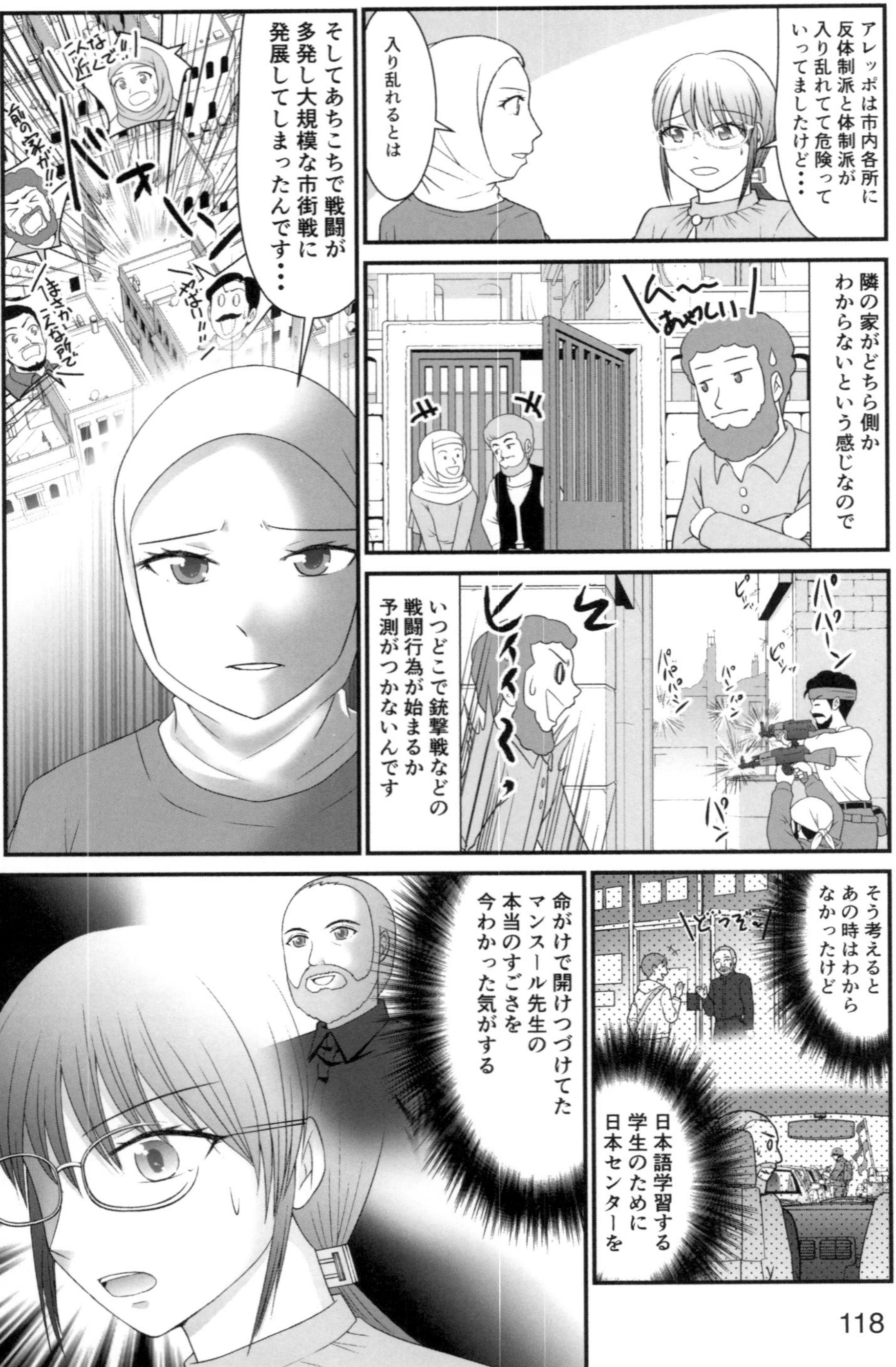
アレッポは市内各所に反体制派と体制派が入り乱れてて危険っていってましたけど・・・
入り乱れるとは
隣の家がどちら側かわからないという感じなので
ム〜 あやしい
ギ
ギ
いつどこで銃撃戦などの戦闘行為が始まるか予測がつかないんです
パパーン
ヒィィィ
そしてあちこちで戦闘が多発し大規模な市街戦に発展してしまったんです・・・
こんな近くで!!
ドォーン
前の家が!!
やばい!!
まさかこんな所で
そう考えるとあの時はわからなかったけど
どうぞ
日本語学習する学生のために日本センターを
命がけで開けつづけてたマンスール先生の本当のすごさを今わかった気がする

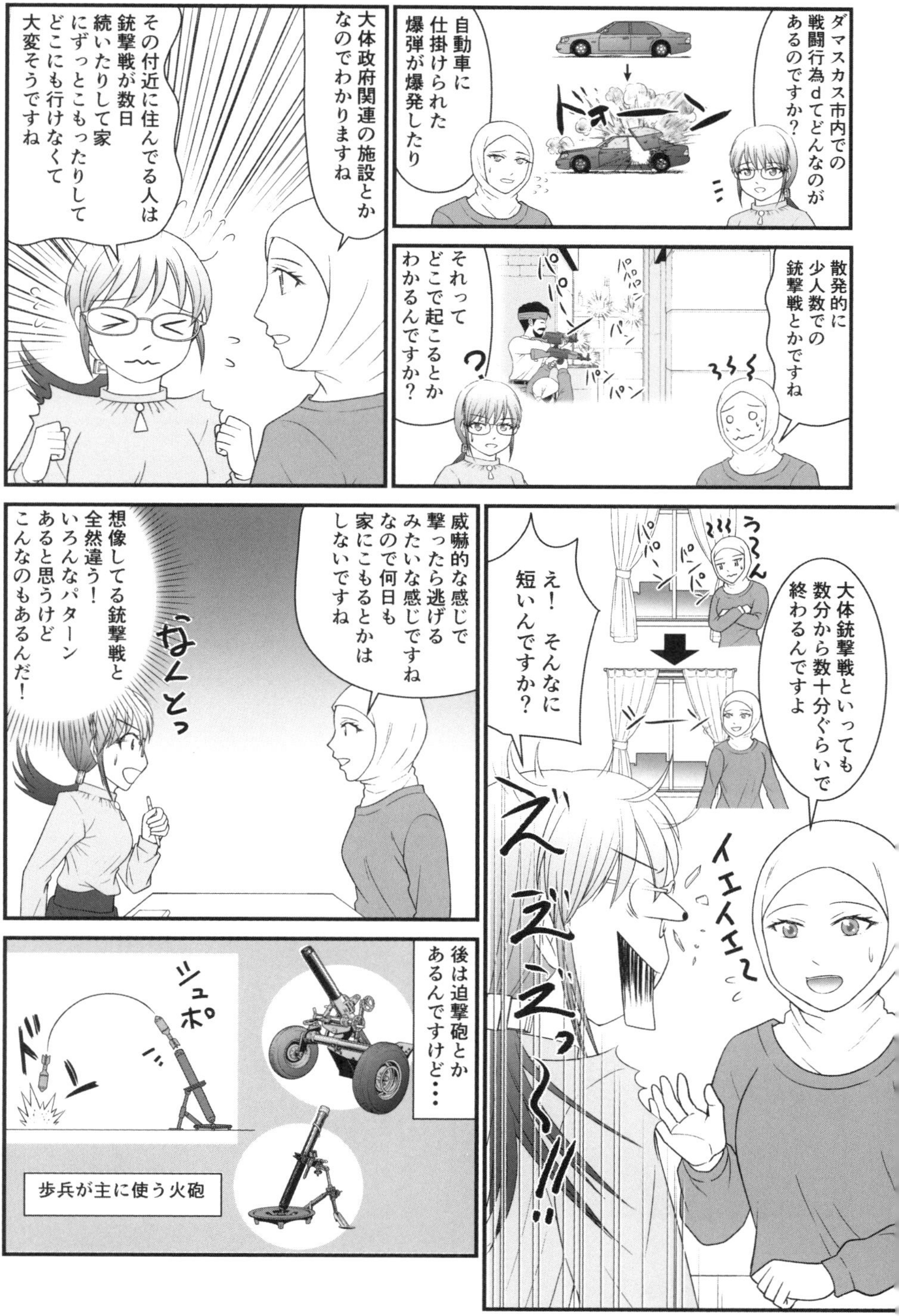
ダマスカス市内での戦闘行為ｄてどんなのがあるのですか？
自動車に仕掛けられた爆弾が爆発したり
ドォーーン
散発的に少人数での銃撃戦とかですね
パパパパン
パン
パン
パン
それってどこで起こるとかわかるんですか？
大体政府関連の施設とかなのでわかりますね
その付近に住んでる人は銃撃戦が数日続いたりして家にずっとこもったりしてどこにも行けなくて大変そうですね
大体銃撃戦といっても数分から数十分ぐらいで終わるんですよ
え！ そんなに短いんですか？
えぇぇぇ〜!!
イエイエ〜
威嚇的な感じで撃ったら逃げるみたいな感じですね
なので何日も家にこもるとかはしないですね
なんとっ
想像してる銃撃戦と全然違う！
いろんなパターンあると思うけどこんなのもあるんだ！
後は迫撃砲とかあるんですけど・・・
シュポ
ドーン
歩兵が主に使う火砲

反政府側のは手作りのなんですよ
ポリ
手作りなの!? 迫撃砲!!
製作の仕方など反政府側のネット動画であがってましたよ
ネットで公開って! いまどきすぎる!!!
精度が甘くて一応政府機関を狙ってるのですが関係ない市場とか住宅地に落ちてくるんですよ!
ドォーン
なんでこんな所を!!
もうイヤ〜
ああ…所詮はネット動画で見て作る手作り精度…
うぅ〜っ
そういう生活が大変で色々ありまして2013年に日本にきました
こうやって実際に生活してた人の話とか聞くと大変さがより身近に感じるなあ

戦闘が激化しつつあったシリアの生活

ダマスカスの郊外で政府軍と反体制武装勢力との戦闘が本格化したのは、2012年に入ってからです。反体制武装勢力が複数の町村の支配権を得、これを奪還しようとする政府軍と激しい戦闘になりました。反体制派の支配下にあった町村は、ダマスカス市内の中心部から5㎞程度しか離れておらず、市内にいても1日中、砲撃の音が響くようになりました。初夏になると市内中心部でも、少人数で市内に潜入した武装勢力が政府軍兵士と銃撃戦になったり、自動車に仕掛けられた爆弾が爆発したり、反体制派が発射したと思われる迫撃弾が着弾するようになりました。

同じころ、北部都市アレッポも大混乱に陥りました。ダマスカスと異なり、アレッポは反体制武装勢力が市内の各所に入り込んだため、大規模な市街戦に発展しました。アレッポでの市街戦の様子がダマスカスに伝わると、政府を支持する人々、反体制派を支持する人々双方の間で、「ダマスカス郊外の反体制派も、アレッポのように市内各所を制圧する計画を立てている」という噂が広まりました。

結果的には、市内への潜入に成功した武装勢力は少数で、いずれも市街戦に発展することなく短期間で政府軍に制圧されましたが、迫撃弾や自動車爆弾による攻撃は頻度を増しました。迫撃弾は市内の政府・軍関連の施設を狙っているのですが、砲弾も発射装置も「手作り」のようで（製作の模様を撮影した映像が、ユーチューブ等に存在する反体制派の広報ページに上がるなどしました）精度が低く、住宅地や市場に落ちて死傷者が出ることは日常茶飯事でした。

日本に来て、アニメにはまる

２０１３年の暮れ、私達家族は東京に移り住みました。その1年以上前にダマスカスの家を引き払ってシリアを出国し、アラブ圏内で仮住まいをしながら、イラクやアラブ首長国連邦向けの貿易の仕事をしていましたが、この機に東京を拠点にして独立開業することに決めたのです。

妻はそれまで日本を短期で訪問したことはありましたが、日本に住むのは初めてです。ダマスカスにいた頃、私は家で日本語を話さなかったので、彼女は日本語もほとんど話せない状態でした。彼女は日本到着後すぐ近くの日本語学校に登録し、日本語の勉強を始めました。

妻は東京での生活を始めて数か月後、アニメをよく観るようになりました。ダマスカスにいる、アニメ好きの弟や友人達に触発されたようでした。このころはちょうど、インターネットの違法動画サイトでシリア国内でもほぼリアルタイムで日本のアニメが視聴できるようになり、「オタク」を名乗るシリア人が急増した時期です。フェイスブック上のシリア人オタクのコミュニティーでは、妻は数少ない日本在住者として重宝され、ダマスカスや周辺国に暮らす彼らから、「秋葉原の現況」「コミケの最新レポート」などを要望されるようになりました。

妻が「オタク」を自称するようになるまで、1年もかからなかったと思います。この頃の彼女は日本語で話したり、文章を書くのは未だ苦手だった一方、リスニングがかなり上達しましたが、彼女自身は「アニメをたくさん観たおかげ」と言っていました。私は「次のステップでは、アニメの男子キャラのような口をききはじめるのか……」と予想しましたが、幸い（?）そうはなりませんでした。

5章◎シリアと日本、表現文化の違い

イスラム圏なのに、アニメ・マンガはＯＫなの？

シリアはイスラム教徒が多数派の国ですが日本人的にイスラム教徒がアニメ・漫画を見ることについて思う疑問
うーん
イスラム教は偶像崇拝禁止
絵もよくないとされてる
アニメ・漫画は大丈夫？
ということでイスラム法学者のハサン先生に聞いてみました！
イスラム的に漫画ってどうなんですか？
そうですねーいいかダメかと聞かれたら
イスラームでは絵はダメなのでダメですね！
ガーン
やっぱり〜
ではなんでイスラム圏でアニメや漫画は大人気なんですかね？
？
そもそも…この現代世界において

アニメ漫画だけでなく世の中にはイスラーム的にダメなことだらけですよ？
え？そうなんですか？
例えば絵がダメな生活しようと思ったら写真もダメですよね
イスラム教徒もめっちゃ写真大好きで撮りまくりですね・・・
アラブ諸国の紙幣には王様や大統領の肖像が描かれてますよね？
う・・・そういえば・・・
それ以外にも言い出したらきりがないぐらい色々ありますので
本気でイスラーム的に生きようと思ったら預言者ムハンマドが言われたように人里離れて死ぬまで木の根を齧って生きるしかありません
この問題を考えるのにイスラム的にどうこうって思うことがナンセンスってことですね
ポリ
バーン
詳しく知りたい方は私の書いたイスラーム入門書のカリフラノベ！「俺の妹がカリフなわけがない！」(晶文社)を買って読むしかない！

私も挿絵的な漫画かいてますー！もう一つの入門書「ハサン中田考のマンガでわかるイスラーム入門」（サイゾー）もよろしくです！

同人誌の日本一のイベント
コミックマーケット
(通称コミケ)にアラブ人
留学生みますけど
シリア人もきてます？
ええ一緒に
行ったこと
ありますよ
え！　シリア人には
コミケってどういう
イベントとして
知られてるんですか
コスプレイベント
だと思ってますね
コスプレ
メイン(同人誌)は⁉
シリア人のネットコミュニティー
でも基本的にコスプレイベント
として話してる感じですね
でも一緒に行ったシリア人は
さすがに大半の同人誌が目に
入らないとかじゃないですよね？
？？
みんなコスプレには
夢中だったのですけど
同人誌には興味ない
みたいです
なぜ⁉
留学生なら
日本語も
わかるのに⁉

好きなキャラがエロい事してるの見たくないし・・・
こうゆうの
あ！それか！
コミケ等で配布されてる同人誌の二次創作（パロディー）は好きなアニメや漫画のキャラが多く
内容がエロなのもあります
日本人ですら表紙みても内容がエロでないかわかりにくいものもありますからね
うーん
同人は趣味の本ですしエロの定義も人それぞれ買う側が自己判断して買うしかないんですよね
アラブ圏というかイスラム圏は露出等が厳しい事情もあるので日本人が思う以上にエロの基準は厳しいと思いますね
なるほどね
二次創作でも健全といわれるエロでない内容もありますし！
オリジナル作品や評論等などでそうじゃない同人もいっぱいあります！
私はアラブ文化エッセイの同人!!
そういえば・・・

一昔前はサウジアラビアなどで外国の雑誌の女性を黒塗りされてる事も多かったですし
まっくろ
NG→
リアルでも女性の露出は日本より圧倒的に少ないです
頭、うでは出しても下は露出少なめ
シリア人留学生の友達が日本の繁華街で立っているお姉ちゃんみて
うわぁぁ〜!!
裸の人が立ってる!!
って言ってたのびっくりしたな
ハダかって…
実は・・・アラブの春が起きた当初
暴力的な映像や画像が無修正で多数アップされていたのです
ニュースで死体はバンバン流れるわ
ヴぅ〜
なにか大きなことがあればFBなどのSNSで無修正の被害画像流れるわ
挙句の果てにアラビア語で何気に画像検索したら無修正の暴力的な画像がでるし！
なんでや
うへ〜ん
人だけじゃなくて家畜と殺画像も地味にちょっととか思う

ニュース等ではやはり相手がいかにひどいことをしているかと言う意味で流してる意図がありますね
その情報が世界に流れてアラブの春のきっかけが起きたのもありますしね
昔はアニメは子供が見るもので暴力シーンがカットされて流れてる事もありました今は日本のアニメも暴力シーンが昔ほどどきつくないのもあってそのまま流れてますよ
へ～っ
アラブも日本と同じ理由で規制がかかることがあったんだ
アラブの春の時にニュースで暴力シーンがバンバン流れてなら日本のアニメの暴力シーンは全然平気なんですかね?
アラブも実は数年前から暴力シーンはカットされていて一切流れない事が多いです
え!そうなんですね!最近チェックしてないので知らなかった!
事故現場のみの画像
表現の規制する内容も今はアラブも日本も同じような基準になりつつあるんだ

シリア留学生たちとコミケ参加

シリア国内に住む「オタク」達も、東京で開催されているコミケの模様を、フェイスブックやツイッターを通じリアルタイムでフォローしています。以前、シリア人オタク達と話しているとき、彼らの多くがコミケを「コスプレの一大イベント」として認識していることに気づきました。また、首都圏在住のシリア人達とコミケに行った際も、彼らはコスプレイヤー達に夢中で、同人誌にはほとんど関心を払いませんでした。

自分の好きなキャラクターに扮したコスプレイヤーの人々との記念撮影に半日を費やしたあるシリア人オタクに、同人誌は買わなくていいのか聞いたところ、「いや、あれはいいよ。別に、好きなキャラクターが服を脱いでいるところとか、見なくていいし……」と言葉を濁しました。「同人誌」に対し、そうしたイメージを持っているシリア人オタク達は少なくないそうで、「あえて同人誌に触れず、コスプレイヤーの事だけを話題にしている」とのことでした。

なお、首都圏在住のシリア人オタク達は最近、コスプレイヤーとしてコミケに参加しようと計画していますが、なぜか毎回計画倒れになってしまいます。シリア人コスプレイヤーは欧米で少数見られるのみの珍しい存在なので、来年のコミケを期待したいと思います。

「アラブの春」以降の、暴力的コンテンツの取り扱い

２０１１年初頭、中東諸国で「アラブの春」と呼ばれる反体制運動が連鎖的に起き、チュニジアやエジプトでは長期政権が崩壊、リビアやシリア、イエメンは内戦状態に陥りました。カタールの「アルジャジーラ」などのニュースチャンネルは、各国で起きている反体制デモや、警察・軍によるデモの弾圧、そして政府軍と反体制武装勢力との戦闘の様子をリアルタイムで伝えるようになりました。私はこの頃、アラブ諸国でニュースチャンネルを視聴していましたが、治安部隊による発砲や、軍による砲撃の犠牲となった人々の遺体の映像が繰り返し流れていました。日本のように、モザイクをかける、または放映前に「遺体の映像が流れます」といった警告がされることもありませんでした。こうした映像のほとんどは、反体制活動家たちから提供を受けたもの、または反体制派に同行し取材している特派員が撮影したものでした。反体制派側は、政府軍や警察が行なっている残虐行為を世界に訴えるため、こうした凄惨な映像を公開することに積極的で、「アルジャジーラ」等は映像を加工、カットせずにそのまま放映していました。

しかし数年前から、アラブのメディアでは、凄惨な映像をカットまたは加工するようになりました。現在のアラブメディアの暴力的コンテンツに関するルールは、欧米・日本メディアの基準に近いものになっている印象です。

コナンとランは婚約者！？
アニメから知る恋愛結婚事情

アラブ諸国では結婚前の男女交際的なものが日本と違って自由度が低くて
付き合うというより婚約からスタート
アラブの名探偵コナンのランとコナンは婚約者同士です！
幼なじみなのに…
ずっ
あの微妙な関係がぶち壊しになってる!!
結婚までデートするにも女性側の親族の男性が付き添いで会うとか
2人きりNG
3人でデート
兄
とにかく結婚の約束もしないで男女二人で会うとかよくないので
アラブでも地域差があって湾岸アラブ諸国は男女がはっきり分かれてる感じで
学校は男女別が多い
講演会など男女別でしきりあり
日本ほど男女一緒に同じ空間でいること少なそうなんですが
シリア旅行した時に日本語学習者と遊んだ時大学は日本とあんまり変わらない感じだったんですが実際はどうなんですか？
男女一緒
？
シリアの都市部は湾岸アラブ諸国と比べるとゆるいですね
そういえば

シリアでもバレンタインデーは若者を中心にやってましてシリアでは男女がお互いに贈り物を交換する形ですね
プレゼントの定番
男性からもおくるのあり
えっ
ムスリムが大半なのに！
今やバレンタインはイスラームの二大祝祭につぐぐらいの規模の一大行事になってしまってるよ・・・
ハァ・・・
という年配ムスリムの声もあるぐらいの盛り上がりですよ
なんと!!
もしかして日本以上の盛り上がりぶり？
デートスポットは公園やレストランが多いです
なるほどシリアの都市部は案外日本と変わらない所もあるんですね
とはいえ結婚となると
友達と結婚相手は別！私はダマスカス出身者以外とは結婚しないもん
ムリ〜
えぇ〜ダメなの
プイ
特にシリアは日本に比べて家族や親族の付き合いが濃いですからね
いらっしゃい
近くにきたし〜
アポなし訪問あり
濃い付き合いを家ぐるみでするから結婚は慎重にならざるを得ない
たしかに〜

シリアの恋愛事情

シリアに留学して間もないころ、ダマスカスの女子高（シリアの公立中学・高校のほとんどは男女別学）の校門の近くに、男子高校生がたむろしているのを目にしました。別の日、ちょうど放課後にその高校の前を通ると、高校生の男女が仲よさそうに談笑していました。シリアに来る前、何かの本で「イスラーム世界では、結婚前の男女同士が口をきくことも制限されている」と読んだことがあり、シリアもそうなのだろう、と漠然と考えていたので、この光景には少々驚きました。

その後、私より少し年上の現地の友人に聞いてみたところ、「男子高校生が女子高の前にたむろして、気に入った女子を見つけて声をかけるようになったのは、最近の習慣だ。前は考えられなかったよ」と、苦い表情でした。仲良くなった高校生同士は、下校時に一緒に公園を散歩したり、ラブレターを交換したりをしばらく続け（当時、高校生の間では携帯電話はほとんど普及していませんでした）、「彼らはしばらく、婚約者同士みたいに過ごすが、結婚出来るはずもなく、1年もしないうちに別れてしまうよ」とのことでした。保守的な家の男女の場合、婚約するまでは、二人だけでデートする機会はないことが多いです。

週末の夕方になると、ダマスカス市内の中心部にある公園やレストランは、婚約中とおぼしきカップルの姿が多くみられます。２０００年代の前半は、デートスポットは公園やレストランに限られていましたが、その後外資系のカフェやショッピングモールが出来て、選択肢がだいぶ広がりました。

高校や大学の同級生、婚約者たちにとって大きなイベントが、バレンタインデーです。シリアでは、バレンタインデーは「イードルホッブ（愛の祝祭日）」とも呼ばれ、盛大に祝われます。初めてダマスカスでバレンタインデーを迎えた時は、「日本並みか、それ以上に派手に祝っているのでは？」と驚きました。街にはカップルがあふれ、市内の花屋には、紅白のバラや、クマのぬいぐるみが並びます。

シリアのバレンタインデーでは、男女が贈り物を交換することになっており、バラの花かクマのぬいぐるみを贈るのが主流です。私は、なぜクマのぬいぐるみを贈るのかが気になり、色々な人に聞いてみましたが、誰もその起源を知りませんでした。この習慣があるため、バレンタインデーの数日前から、バラとクマのぬいぐるみの値段が高騰します。特にバラの花の高騰は異常なほどで、通常の10倍かそれ以上になることもしばしばです。２０００年代前半、公務員の給与が日本円で1万５０００円くらいだった頃でも、バレンタインデー当日は小さなバラ花束の値段が１０００円近くに跳ね上がりました。年配のムスリムの人々は、「バレンタインデーは、イスラームの二大祝祭に次ぐくらいの規模の一大行事になってしまった……」と嘆いたり、あきれたりしていました。

シリアの結婚事情

西欧世界では、「アラブ世界の結婚」というと、「親や家同士が決め、本人（特に妻となる女性）は望まない結婚を強いられる」という印象で語られることが今でも多いように思います。「新郎新婦が結婚式の日に初めて顔を合わせる」「近親婚が多い」「部族間の政略結婚」といったエピソードが紹介されることもあります。

年配のシリア人に聞くと、独立（１９４６年）以前は、都市部ではこうした「家同士が決める結婚」がほとんどだったようですが、現代のシリアの都市部では、家族の意思や思惑のみで女性が結婚を強制されるという例は少ないようで、大学の同級生、職場の同僚と結婚する例は珍しくありません。ただし、完全な「自由恋愛」ともいえず、出身地や家柄、宗派が違う者同士が結ばれる例はまだ少ないように思います。首都ダマスカスの旧家出身の男性が、別のダマスカスの旧家出身の女性と職場や大学で知り合い結婚に至る……というケースはよくあっても、地方の農村出身の男性が、ダマスカスの商家出身の女性と知り合い結婚する、といったケースは未だ少ないようです。

私の知人に、ダマスカスの旧家出身の女子大学生がいました。彼女はとてもフレンドリーな性格で、様々な宗派・出身地の男友達も多くいましたが、ある時、彼女と結婚の慣習の話題になったとき、彼女は「自分は親のいいなりで結婚するつもりはないが、ダマスカス出身の人以外と結婚することは絶対にありえない。夫やその家族に、彼らの慣習に従うことを強いられて生活したくない」と答えました。都市部の、宗教的にリベラルな一族でも、昔からの慣習や親戚付き合いに関しては保守的、というケースは多く、家族の反対を押し切り、家族や親戚との関係を絶ってでも結婚する、という決意を貫けるカップルは、まだ少ないように思います。

シリアにおける一夫多妻と、不倫について

アラブ・イスラーム世界のいわゆる「四人妻」、一夫多妻制は日本でもよく知られたイメージで、私自身、日本に住む友人たちから一夫多妻制についてよく聞かれました。中には「奥さんが4人いる男性は珍しくない」という印象を持っている人もいましたが、私自身はシリア国内で、奥さんが4人いる男性に会ったことはありません。イスラームでは、4人の妻を公平に扱うことが義務とされ、住む家から贈与する品、子ども達の養育に至るまで4人平等でなければなりません。男性にとっては、4つの家族を同時に養うことが求められることになり、非常に大きな負担となるのです。

一方、奥さんが2人いるというケースは、シリアの農村や、都市部の富裕な人々の間では少なからず見られます。ダマスカスで日本製バイクの部品の卸売業をしていた私の友人もその1人で、郊外に家を2軒建て、それぞれの家に第一夫人、第二夫人とその子どもたちを住まわせていまし

た。彼はほぼ1日おきに2つの家庭を行き来しており、家庭での出来事を私にもよく話す人だったので、ある日、4人と結婚するつもりはあるのか、聞いてみたことがあります。すると彼は「2つの家庭を持つのは、思っていた以上に大変だった。4つの家庭を持てば、個々の家庭内の問題を解決したり、4人の奥さんの実家と付き合い、4人の対立も調停しなければならない時もある」と言い、「そんな、部族長か政治家みたいな真似は自分には重荷だから、いくらお金があっても4人の奥さんを持ちたいとは思わない」と肩をすくめました。

イスラーム世界では非常に厳しく罰せられる不倫ですが、シリアでは、政治家や有名人（俳優など）、実業家の不倫が噂になることがあります。サウジアラビアでは、既婚者同士の不倫は死刑となりますが、世俗法が施行されているシリアでは「姦通」で法的に罰せられることはありません。一般レベルでは、経済的に余裕のある既婚男性の不倫を時々耳にしましたが、未婚か離婚した女性と関係を持つケースがほとんどで、既婚の女性と関係を持つケースは稀だった印象です。

進化するからポケモンはダメの放映禁止の噂の真実

2000年ごろ日本でもポケモン※1ブームだった時にアラブで
進化
ポケモンは進化するからだめ!
ひ〜
アラブではポケモンが放映できなくて知られてないという噂があったんです
進化がダメな理由なのですが一神教(ユダヤ・キリスト・イスラム)は基本的に聖書に書かれている
人は神様が作ったというのを信じてて進化論に否定的なので禁止という理由
2011年春シリアにて
ポケモンはシリアでもアラブ諸国でも大人気です!
へー
2000年ごろから数年放映されてなくて後で解禁になったとかかな?
2001年の春にダマスカスにいましたが・・・大人気でしたよTVですごい放映してました
ポケモン大人気!!
え!そうなんですか!
当時は子供が夢中になりすぎてそれが問題になったりしてましたね
ごはんいらない
カードばかりみてる
日本でもポケモンが流行った時同じ現象で問題になってた

シリアではポケモンカードの方が流行ってましてして
ゲームボーイは手に入りにくいもんねぇ・・・
カードにシオニズムのマークがあるとかで陰謀論もささやかれたり
六芒星
にてる!?
そんな裏設定ないから!ただのマークだし!
うおぉっ〜
カードのトレードが賭け事だということで非難されたり
それほしい〜
くっ
イスラムの賭け事禁止に該当するって解釈もあるのか!
色々言われてましたが放映禁止になったことはないですし今では誰も話題にしないですね
噂はあくまで噂だな・・・
かんちがいしてた〜
アニメやゲームの規制の内容ってアラブ特有の内容もあるけど
日本と同じように子供に悪影響って理由で叩かれるところは宗教や文化が違っても考えること同じなのかも

経済制裁とオタク活動

シリアのオタク活動で切ってもきれない・・違法動画＆違法ＤＶＤ
これについてシリアオタクに聞いてみました
海外で公式に日本アニメを見ようと思うとアマゾンやネットフリックスですが
経済制裁で見れません
違法だとは認識しています
公式で最新の日本アニメは見たいですが
シリアで合法的に日本のアニメを見る手段は
最新アニメはあまり放送されてない衛星チャンネルしかないのです
それしか見るなと言われると・・・
私達はオタクを辞めるしかありません
経済制裁ってオタク活動にもこんなにも大きな影響があるとは思いもよらなかった

用語解説

※1　**ポケモン**

1996年に任天堂から発売されたゲームボーイ用ソフト『ポケットモンスター 赤・緑』に端を発する、現代日本を代表する巨大コンテンツ。様々なメディアに展開されており、ポケモンをモチーフにしたTCGはポケカと略される。

ポケモン騒動の真相

2001年の春、ダマスカスでの生活を始めて間もない頃、下宿の大家さんの部屋でお茶を飲んでいると、彼が読んでいる新聞に、見覚えのあるキャラクターのイラストが載っていることに気づきました。

「ああ、『ポケモン』ね。最近、子どもたちの間で人気だよ。君の国のアニメなんだって？」

明くる日、おもちゃや文房具を売る問屋の前を通りかかると、ピカチュウのぬいぐるみや、ピカチュウが描かれた筆箱やノートが売られているのを見つけました。当時、ポケモンが欧米で人気ということはニュースで知っていましたが、すでにシリアにも波及していたことに驚きました。店先に並んでいるピカチュウのぬいぐるみはどこか歪な形で、色も微妙に違います。これらのグッズは全てコピー商品。公式グッズは当時、湾岸アラブ諸国の一部でしか手に入らなかったのです。

サウジアラビア資本の衛星放送で、アニメ「ポケットモンスター」の放映が始まったのは、その前年(2000年)のことでした。ちょうどシリア国内の家庭に衛星放送受信機が普及していった時期であり、ポケモンの知名度は急上昇したようです。

現地の友人が増えるにつれ、シリアの小中学生の間で、ポケモンの人気がいかに高いかを実感する機会が多くなりました。私より年上の、小中学生の子どもがいる友人たちと会うと、「うちの子どもたちがポケモンに夢中で……」に始まり、最後の方には「ポケモンのキャラクターの名前ばかり覚えて、学校の勉強が疎《おろそ》かになっている気がする」「近所の友達より、ピカチュウの方が大事なようだ……」と、やや愚痴めいた話になっていきます。そんな折、友人の一人から「モスクで、ポケモンが親イスラエル的なアニメだと聞いたのだが、本当か?」と、突然尋ねられたのです。「親イスラエル」⁉

2001年春、アラブ湾岸諸国の著名なイスラーム法学者たちが、ほぼ同時期に「ポケモンにはハラーム(禁忌)であり、子どもに見せるべきではない」とのファトワ(イスラーム法に基づいた見解)を発出するという出来事がありました。カタール在住のエジプト人法学者、ユーセフ・カラダーウィー氏は、「ポケモンをハラームと判断した理由」として、

・ダーウィニズムを肯定する思想(ポケモンの進化)が存在している。
・子どもたちが架空の存在を信じるようになる。
・ダーウィニズムの「自然淘汰」の思想は子どもに有害である。

・ポケモンカードの中には、シオニズムに関連するシンボルが見られるほか、カードのトレードは、一種の賭け事である。

を挙げました（2001年4月9日、カタール「アルジャジーラ」）。サウジアラビアのイスラーム法学者たちも、類似の理由で「ポケモンはハラーム」とのファトワを発出、リヤドの日本大使館が「ポケモンはシオニストとは無関係、反イスラーム的な要素もないアニメ」とする声明を発表する事態になりました（2001年4月2日付の汎アラブ紙「シャルクルアウサト」）。

ダマスカスでも、湾岸諸国でのこうした動きに影響されたとみられる、「ポケモンはハラーム」キャンペーンが一部のモスクで行なわれました。しかし、反イスラエルの立場ではあるものの世俗的なシリア政府は、ポケモンに対し何らかの規制をかけることはせず、そのうちシリアのアニメ専門チャンネル「スペーストゥーン」でも「ポケットモンスター」の放映が始まり……ポケモン人気はその後数年続きました。

アニメは子どものもの！　教育によくないものはカット

シリアの「オタク」達は、子ども時代にテレビで見た日本のアニメを思い出し、「時々、場面が急に変わったり、話の辻褄が合わなくなることがあった。大人になってから、インターネット

（違法動画サイト）で同じアニメを見て、カットされた場面があったことに気付いた」と言います。

彼らが子どもだった2000年代、アニメはシリア国営テレビか周辺諸国の衛星放送で視聴するのが一般的でした。当時、衛星放送の多くは国営か政府系で、アニメが放映される時間帯は、子どもが家にいる午後から夕方が主でした。このため、各国の放送局はアニメの描写を厳しくチェックし、「子どもにふさわしくない」と判断されたシーンはカットされていたのです。

アラブ諸国で「子どもにふさわしくない」と見做される描写は、

・暴力的なもの（特に流血シーン）。
・男女の恋愛関係。
・異教の信仰を強調するもの（特に黒魔術に関するもの）。
・現代政治に関するもの（特に内戦や政権転覆に関するもの）。

です。近年は、暴力的なシーンの規制に関してはだいぶ緩んできている印象を受けますが、恋愛・信仰・政治に関するシーンの規制はいまだに厳しいように思われます。

日本に来たばかりのシリア人に会ったとき、彼は「日本に来る前は、日本を代表するロボットアニメは『グレンダイザー』だとばかり思ってて、『機動戦士ガンダム』のことは全く知らなかった」と驚いていました。「日本人の間では『機動戦士ガンダム』の方が人気だというから早速見たんだが……見始めてすぐに、この作品がアラブ諸国に輸入されなかった理由に気付いた……」

6章◎シリア内戦の複雑な事情

内戦前のシリアとはどういう国？

シリア内戦について専門家っていえば…
うーん
青山弘之先生ですね！シリアの情勢を専門にしている学者さんです
ということでシリア研究会の顧問の青山先生を紹介してほしいんですがいいですか？
いいですよ！
元シリア研究会
フランクな先生ですよ
とは言われたものの…めちゃくちゃ緊張する
東京外語大学
TUFS
すごい素敵な公園みたいなキャンパス！
天川まなるです失礼します
どうぞー
ドキドキドキ
ようこそ研究室へ青山です
いろんなシリア＆アラブ関連グッズにあふれててさすが学者さん！
オオッ

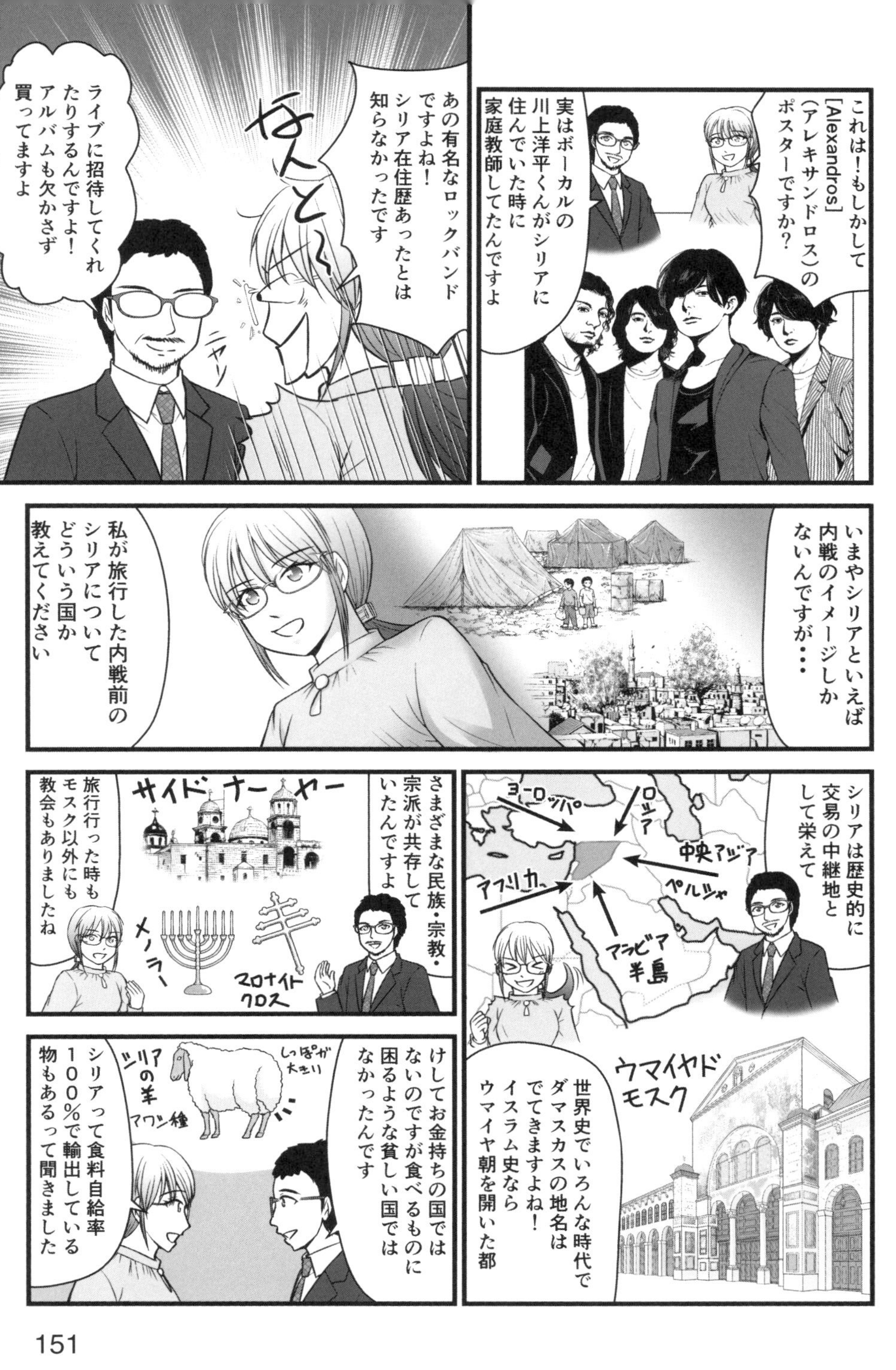

これは!もしかして[Alexandros](アレキサンドロス)のポスターですか?
実はボーカルの川上洋平くんがシリアに住んでいた時に家庭教師してたんですよ
あの有名なロックバンドですよね!シリア在住歴あったとは知らなかったです
なんと~
ニヤッ
ライブに招待してくれたりするんですよ!アルバムも欠かさず買ってますよ
いまやシリアといえば内戦のイメージしかないんですが・・・
私が旅行した内戦前のシリアについてどういう国か教えてください
シリアは歴史的に交易の中継地として栄えて
ヨーロッパ
ロシア
中央アジア
ペルシャ
アフリカ
アラビア半島
さまざまな民族・宗教・宗派が共存していたんですよ
サイドナーヤー
マロナイトクロス
メノラー
旅行行った時もモスク以外にも教会もありましたね
ウマイヤドモスク
世界史でいろんな時代でダマスカスの地名はでてきますよね!イスラム史ならウマイヤ朝を開いた都
けしてお金持ちの国ではないのですが食べるものに困るような貧しい国ではなかったんです
しっぽが大きい
シリアの羊
アワシ種
シリアって食料自給率100%で輸出している物もあるって聞きました

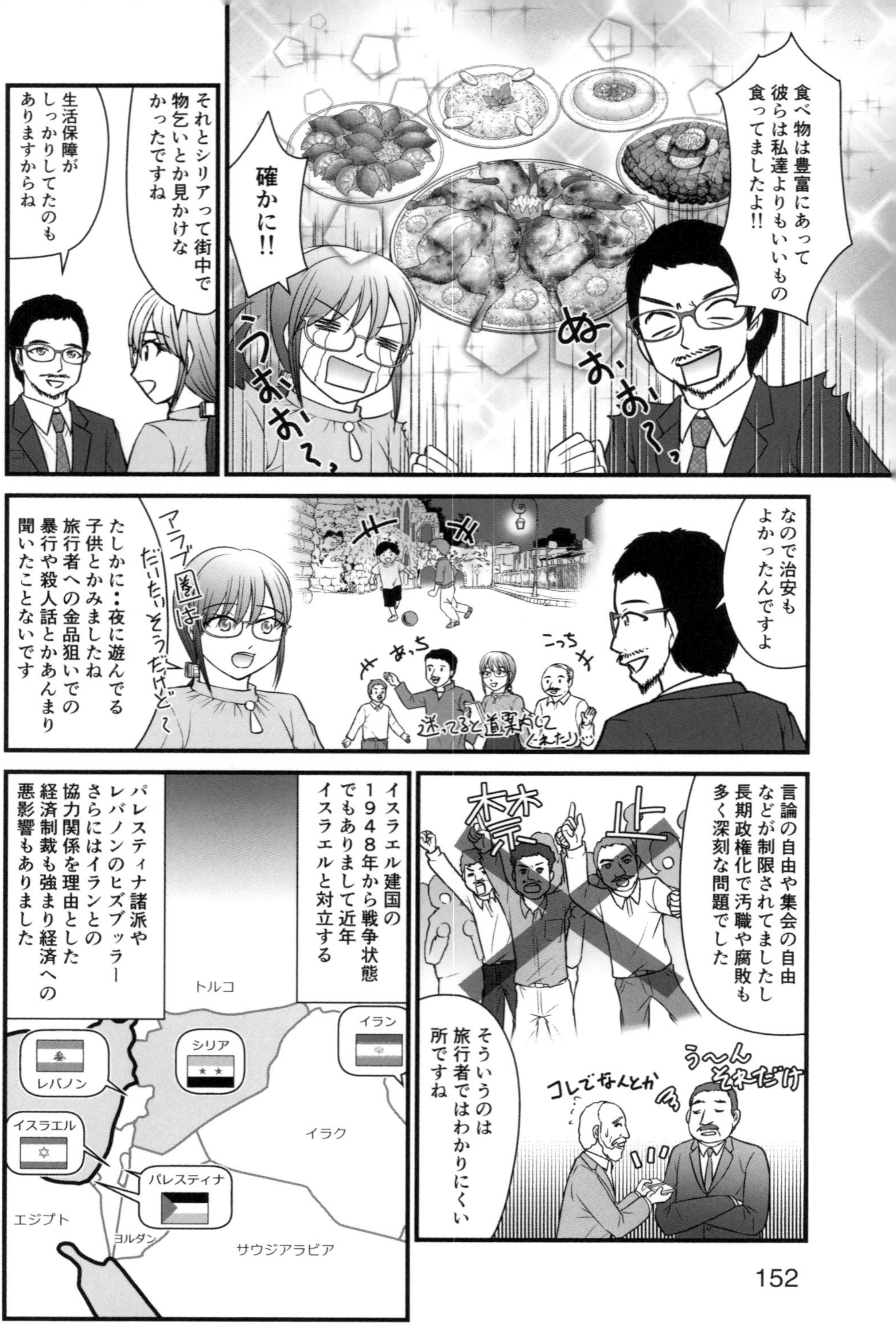
食べ物は豊富にあって彼らは私達よりもいいもの食ってましたよ!!
確かに!!
ぬおぉ～っ
うぉぉ～っ
それとシリアって街中で物乞いとか見かけなかったですね
生活保障がしっかりしてたのもありますからね
なので治安もよかったんですよ
こっち
あっち
迷ってると道案内してくれた
たしかに…夜に遊んでる子供とかみましたね
旅行者への金品狙いでの暴行や殺人話とかあんまり聞いたことないです
アラブ圏はだいたいそうだけど～
言論の自由や集会の自由などが制限されてましたし長期政権化で汚職や腐敗も多く深刻な問題でした
禁止
そういうのは旅行者ではわかりにくい所ですね
コレでなんとか
う～ん それだけ
イスラエル建国の1948年から戦争状態でもありまして近年イスラエルと対立する
パレスティナ諸派やレバノンのヒズブッラーさらにはイランとの協力関係を理由とした経済制裁も強まり経済への悪影響もありました
トルコ
イラン
シリア
レバノン
イスラエル
イラク
パレスティナ
エジプト
ヨルダン
サウジアラビア

その状況でアラブの春が来て若者を中心にSNSでデモが広がったので「インターネット革命」とも言われてますよね
実は一番の拡大させた要因は
SNSでデモが拡大しているという情報とデモの様子を衛星テレビが連日流し続けたからこそ広がったんですよね
なんと〜〜
えぇ〜〜
へーっ
衛星テレビなんですよ
オレらもやるぞ〜!!
なんだかんだいってやっぱりTVのような報道機関の拡散力はすごいんですねー
エジプトの革命の時もデモの中心部のタハリール広場が生中継でアラブの衛星テレビで流れてたなぁ
あっ
それをネットで見れるから世界中でチェックできるもんね
その他国の報道を見たシリアのダルアー市の子供がいたずらでマネをしたんですね
それに治安当局が過剰反応して・・・
子供になんてこと!!
ひどい〜
む〜っ
子供を拘束して暴力を振るったのです
うえ〜ん
ぐすん

その事件がキッカケで住民が不満を爆発させて抗議デモが始まったわけです
ざっ/子供が!
他国の混乱を目の当たりにしていたので
ほんと!!!
政府はデモに対して過剰な弾圧を加えて
オレらもデモするで
ひど〜いよ
その応酬が全土に広がりそれに便乗してさまざまな勢力が加わり
シリアは内戦状態になったというわけです
体制打倒という大義名分だけで始まったのではなく一つの事件がきっかけで広がったのか・・・
アラブの春の当初は市民を弾圧する悪い政府を倒すという
勧善懲悪のストーリーで考えられていました
おろおろ
政府がデモをしている市民を弾圧してますよね
確かにそれは事実です
しかし政権を打倒すれば・・・
自動的に民主主義がもたらされるわけではないことは明白です

リビアはカダフィーが倒れて長らく内戦状態でした
トルコ
シリア
エジプト
リビア
リビア内戦
2011年2月以降から反体制派とカダフィー政権との激しい戦闘のちに８月にガタフィー政権が崩壊。１０月逮捕後殺害される
カダフィー大佐
イエメンもサーレハ政権が退陣して内戦
シリア
サウジアラビア
インド
イエメン
イエメン騒乱
2011年2月サーレハ大統領の退陣を求めたデモ発生11月に辞任。2012年2月副大統領ハーディーが大統領に就任。イスラム過激派組織フーシー派に2017年12月殺害される
サーレハ大統領
そういう当たり前のことをアラブの春の当初は報じたり論じたりすることははばかられる空気でした
確かにメディアも弾圧などの被害を訴える報道はあったけど
その後
？
その先をどうするかという報道はあんまり見たことなかったも…
政治とは「悪は滅び、正義は勝つ」というような単純な構造で考えるものではないのです

シリアはこんな国だった

シリアという地名は、今は一般的に１９４６年に建国したシリア・アラブ共和国という国名を指します。でも、もとは、今日のシリアに加えて、レバノン、ヨルダン、パレスチナ、イスラエル、イラク北部、トルコ南東部を指す地名でした。「歴史的シリア」、「大シリア」などと言われる地域です。アラビア語では「シャームのくにぐに」と呼ばれます。

「歴史的シリア」は古い歴史と多様な社会を特徴としています。「文明のゆりかご」、「文明の十字路」とも呼ばれる文明発祥の地で、古くから東西交易の中継地として栄えてきました。また、ユダヤ教、キリスト教、イスラム教が生まれたのもこの地です。こうした歴史、文明、文化、宗教が積み重なるなかで、この地域にはさまざまな民族・エスニック集団、宗教・宗派集団が共存しています。そのありようは、アラビア語で縦糸と横糸が調和をなす「ナスィージュ」（織物）にも例えられます。

今日のシリアは、第一次大戦後の中東地域に対する英仏の委任統治を経て、レバノン、ヨルダン、イラクといった周辺諸国と共に成立しました。西欧諸国は「歴史的シリア」の多様性に乗じて、いくつもの小さな国を作り、人々を分断することで、影響力を維持しようとしていると見ることができます。また、１９４８年には、欧州のユダヤ教徒が、アメリカやイギリスの支援を受けて、「歴史的シリア」の一部を占領しイスラエルを建国しました。

分断と占領は、今日のシリアが建国当初から直面し、克服に向けて取り組んできた課題でした。そして、その取り組みは、シリア内戦が起きるまでは一定の成功を収めてきました。シリアは、分断と占領という課題を課した欧米諸国と一定の距離を保ちながら国作りに努めました。それでも、国土の3分の1を占める耕作地、放牧に適した乾燥地を活かして、農畜産業、繊維産業、食品加工業を発展させ、食糧自給率は100%を超え、その多くの産品を周辺諸国に供給してきました。また、石油精製、機械製造、金属・非金属加工などの重化学工業も盛んでした。さらに、教育レベルが高く、教育や医療は基本無料でした。犯罪発生率や所得格差も低く、治安も安定していました。

パレスチナ、レバノン、イラクが紛争に喘ぐなかで、これらの国から多くの難民を受け入れてきました。その背景には長い歴史のなかで培われた、他者へのもてなしの精神がありました。

もちろん、すべてが良いことばかりだった訳ではありません。イスラエルの建国とともに戦争状態に入ったシリアは、常に非常事態下に置かれていました。国家の治安を維持するという理由で、言論の自由や集会の自由が制限されました。また、政治に目を向けると、1963年にアラブ民族の統一、欧米諸国のくびきからの脱却、社会主義の実現をめざすバアス党が政権を握って以降、今日に至るまで同党の支配が続いています。1971年に大統領に就任したハーフィズ・アサド氏は死去する2000年まで30年弱にわたる長期支配を行い、息子のバッシャール・アサド大統領がその後継者となりました。こうした政権長期化は常に汚職や腐敗を誘発してきました。

2000年代半ば頃からは、欧米諸国（とりわけアメリカ）が、シリアの外交政策、とりわけイスラエルと対立するパレスチナのハマースやレバノンのヒズブッラー、さらにはイランとの協力関係を理由に、外交圧力を加え、徐々に制裁を強め、経済に徐々に悪影響が生じていきました。内政外交面での閉塞感が、シリアの負の側面として常に存在してきたのです。（文・青山弘之）

シリア旅行で食べたシリア料理と食べ物

ナス・ズッキーニ・ピーマン
キャベツ・ブドウの葉に、
米や肉を詰めてトマトの
スープで煮る米料理

今はどうなっているのシリア？
シリア内戦は長期化してもう11年たつのですが民主化を求める民衆と政府の戦いが長引いてるということなんですか？
バチバチ
実はそれ以外にもさまざまな当事者がさまざまな争点をめぐって対立しているために複数の局面があるのです
国内的局面については「民主化」
今の政権はダメ！新しい政権で根本的な改革を！
今の政権で方針の改変を！
「政治化」
新しい政権を俺達が握る！
あの勢力邪魔だから排除したい・・・
「軍事化」
政府を倒すために銃を持って戦うぞ
武装集団を鎮圧しなければ！
そして戦闘が激しさを増したのが国際的局面
「国際問題化」
アル＝カーイダ系テロ組織
欧米諸国・アラブ諸国トルコ
支援
主導
一部の組織がアル＝カーイダ化
反政府組織
武装組織
対立
対立
支援
ロシアイラン中国
シリア政府
複数の局面が折り重なるように展開していることが最大の特徴です
目が回るぐらいの複雑な事情！これだと長引いてしまうのも納得
うわぁあっ

なぜ難民が増えるのか？

内戦で難民が海外へ逃げてますがまだ激しい戦闘等が起きてて危ないからですか？
実は2016年末から徐々に収束しはじめ2018年末以降は国内の大規模戦闘は起こってないのです
え！じゃあ銃撃戦とか空爆とかは大半の地域はないんですね？ではなぜいまだ難民が出ているんですかね？
一番の理由は生活の場が破壊されて
仕事がなく生活できないからなんですよ
治安も回復してるなら復興とか進んでないのですか？
現政府がやっていますがそれだけでは足りなくて海外からの支援がほしいところですが
西側は政権打倒でもないと援助しないと言ってますが彼らの好む政治秩序を作る気もないですし
ちょっとね〜
もういいかな〜
助けてよ〜
ESCWAも*西側と関係を改善しないと復興できないと言ってます
これって八方塞がり状態でシリアで普通に暮らせる日々はいつになるのか
そんな〜

*国際連合西アジア経済社会委員会

シリア内戦の始まり

シリア内戦は、2010年12月にチュニジアに端を発し、2011年にエジプト、リビア、イエメン、バハレーンなどといったアラブ諸国に波及した民主化運動「アラブの春」の一環として生じました。「アラブの春」はインターネット革命などと称され、長期独裁政権への不満や経済的・社会的疎外感を鬱積させた若い世代が中心となって、SNSを通じて怒りを共有、デモを呼びかけることで発生し、多くの国で体制転換をもたらしたと説明されます。実際は、SNSが利用されていると報じた衛星テレビによる情報拡散がデモ拡大を決定づけ、また体制転換を経験した国もそうでない国も、そのほとんどが民主化を実現することなく、治安と経済の悪化、さらには内戦を経験することになりましたが、とはいえ、「アラブの春」はアラブ世界にとって無視できない歴史的な出来事でした。

「アラブの春」はシリアには2011年3月に波及しました。きっかけは、些細なことでした。シリア南部のダルアー市で子供たちが、他の国の「アラブの春」を模して、アサド大統領の退陣を求める落書きをしたことでした。これに、治安当局が過剰に反応し、子供たちを拘束し、暴行を加えると、住民が不満を爆発させ、各地で体制打倒を求める抗議デモが始められたのです。他国での混乱を目の当たりにしてきた政府は、警察・治安部隊に加えて、軍を投入し、過剰に弾圧を加えました。抗議デモを主導していた活動家は武器をとり、これに応戦、暴力の応酬が激しさを増していったのです。

とはいえ、抗議デモは、その他のアラブ諸国に比べて限定的でした。多くの国で首都の中心部で数十万人、百万人規模のデモが行われたのに対して、シリアでの抗議デモは地方の都市や農村でした。首都ダマスカスでは、むしろ政府やバアス党の動員に応じるかたちで、政府を支持する百万人規模のデモが行なわれることもありました。

政府側による弾圧が行なわれていたことは事実でした。でも、シリアに限らず、「アラブの春」は、正義の民衆と悪の体制という勧善懲悪のストーリーとして捉えられ、「悪は滅び正義は勝つ（べき）」、つまり体制は打倒され、民衆によって民主主義が実現される（べき）という視点で捉えられることがほとんどでした。今振り返ると、政治はそのように単純なものではなく、体制打倒が自動的に民主主義をもたらさないことは自明なのですが、当時はそうしたあたりまえのことを報じたり、論じたりすることすらはばかられる空気でした。

シリア国内での抗議デモは２０１１年8月までには、政府側の圧倒的な弾圧によって収束していきました。ところが、これで終わることはありませんでした。暴力と混乱を再生産するさまざまな力がシリアに加わっていくことになったのです。

（文・青山弘之）

混迷するシリア内戦

シリア内戦は、「アラブの春」が波及したことに端を発しているため、民衆と政府を当事者とし、民主化の是非を争点としている紛争に思われがちです。でも、これほどまでに長引いているのは、さまざまな当事者が、さまざまな争点をめぐって重層的に対立し合っているという事情があります。つまり、シリア内戦は、当事者と争点を異にする複数の局面が折り重なるかたちで展開していることを最大の特徴としています。

国内的局面は、「民主化」、「政治化」、「軍事化」という3つの局面にさらに分けることができます。「民主化」は、「アラブの春」の文脈に沿った争いを指します。当事者は、デモ参加者・支持者と政府です。既存の政治体制・制度の改編の是非をめぐって、抜本的な変化（体制打倒）を求めるデモ参加者・支持者と、限定的な改革をめざす政府が対立しました。「政治化」は、この「民主化」を政争の具として利用し、政府と反体制政治勢力が争い、権力の維持・強化、あるいは権力の奪取がめざされる局面です。そして「軍事化」は、体制打倒と「民主化」の実現をめざす反体制武装集団が、政府、軍に武力で挑み、武力紛争となる局面です。

「民主化」が2011年8月には収束したと先に述べましたが、「政治化」は、反体制政治勢力が社会との結びつきを欠いていて、また離合集散が絶えなかったため、政府の圧倒的な優位のもとに推移しました。一方、「軍事化」は2011年9月頃から顕著になりました。中東でも有数の軍事力を誇るシリア軍を前に、武装集団も早晩制圧されるかに思えました。ところが、彼らは、2012年7月には首都ダマスカス、国内最大の商業都市アレッポ市に進攻しました。シリア内戦という言葉が用いられるようになったのはこの頃なのですが、戦闘が激しさを増していったのにはからくりがありました。それが国際的局面です。

　国際的局面は、「国際問題化」と「アル＝カーイダ化」という2つの局面からなっています。「国際問題化」は、国内の混乱に乗じた諸外国の介入です。当事者は、欧米諸国、アラブ湾岸諸国、トルコといった西側諸国と、ロシア、イラン、中国に分かれて対立しました。西側諸国は、シリア政府が人権を侵害していると非難し、経済制裁を科し、「民主化」支援と称して反体制政治組織や武装集団を支援しました。これに対して、後者の陣営は、主権尊重の立場から、西側諸国の対応を内政干渉と非難し、シリア政府を支援しました。シリア内戦と呼ばれていますが、混乱の悪化と長期化はこれらの国がシリアを主戦場に代理戦争を繰り返したことが主因でした。シリア軍による化学兵器使用疑惑を根拠とした米国の軍事介入も「国際問題化」の一環でした。

　そしてこうしたなかで、最後の局面の「アル＝カーイダ化」が生じます。これは、ヌスラ戦線に代表されるアル＝カーイダ系のテロ組織やイスラーム国がシリアに流入し、反体制武装集団と混在する状況を指します。弱小であるはずの反体制武装集団がシリア軍と対等に戦えたのは、彼らがこうしたテロ組織によって主導され、なおかつ西側諸国の支援を受けていたからです。また、イスラーム国の台頭によって、シリア内戦は悪化の一途を辿り、「今世紀最悪の人道危機」としての呼び名を不動のものとしました。死者は推計で、30万人を超えるとされています。その数は、実は西側諸国やロシア、つまりは「国際問題化」の当事者が過去に行なった幾多の戦争に比べると少ないのですが、皮肉なことに「今世紀最悪」というフレーズが、その事実を見えにくくしています。

（文・青山弘之）

難民達の心情

難民となる理由として軍や政府の弾圧から逃げるという話をよく聞きますが
？
それは解釈する人の政治的立場によって異なった説明がされますね
軍や政府が嫌いな人はその主張ですし
軍がオレの町を攻撃した!!
あれはテロだ!!
西側諸国の介入を快く思わない人はそこから支援を受けた反体制派のテロによって生活が奪われたという主張です
十把一絡げにはできないのですがおしなべて言える事は
多くのシリア人は実はどちら側の勢力の強い支持者でもない政治的に無色なんです
内戦というから民衆が互いに違う勢力の熱烈な支持者で割れてるんだと思ってた・・・
繰り返される暴力の中で
ドオーン
ドーン
うえ～ん
生活の場を破壊されて
食べ物買いにきたのに～
オレの店!!
糧を得る術を失い
今日も仕事みつからない…
ハァ…

自らと家族の命を守るために家を離れたということです
内戦下に生きてる人々ってどこか自分達と違うと思ってたけど・・
根本的に思ってる事はそんなに自分達と変わらないのかも
もちろん政治紛争や武力紛争もあるのですが
ただ平和に暮したい
争いはいやー
人々はそうした争いから距離を置きたいということで難民になるのです
いずれにしてもこの情勢を改善する決定打を
当事者すらも手を打てない膠着状態が続いて
事態打開の出口が見えないのが今のシリアなのです

シリア内戦で、難民が出る理由

シリア内戦というと、大きく注目されてきた問題がもう1つあります。難民・国内避難民（IDPs）問題です。難民・IDPsは、シリア内戦という呼び名が定着するようになった2012年から増加し、2014年にイスラーム国が勢力を拡大するにいたり、急増しました。UNHCR（国連難民高等弁務官事務所）やOCHA（国際連合人道問題調整事務所）の発表によると、難民は2018年には500万人を、IDPsは2013年に600万人を超えました。シリアの人口は約2000万人ですから、人口の半分以上が住む家を追われたことになります。

難民・IDPsが避難を余儀なくされた理由は、それを解釈する人の政治的立場によって異なった説明がなされます。政府を嫌う人々は、政府や軍の弾圧や暴力を避けるために人々が難民・IDPsになったと主張します。これに対して、西側諸国の介入を快く思わない人々は、これらの国の支援を受けた反体制派のテロによって人々が生活の場を奪われたと言います。難民・IDPsになった理由は人によって異なるため、十把一絡げにはできませんが、おしなべて言えることがあるのであれば、多くのシリア人が実は政治的に無色で（つまり熱心な政府支持者でも反体制派支持者でもなく）、繰り返される暴力のなかで、生活の場を破壊され、糧を得る術を失い、自らと家族の命を守るために家を離れたということです。シリア内戦は、政治紛争、武力紛争ではあるのですが、人々はそうした争いから距離を置こうとするなかで難民・IDPsとなっていったのです。

国内の混乱は2016年末頃から徐々に収束を始め、2018年末以降は、大規模な戦闘は発生しなくなりました。とはいえ、そのことはシリア内戦の終わりを意味しません。国内ではシリア政府が国土の7割で支配を回復しました。しかし、アル＝カーイダ系組織が主導する反体制派が北西部で活動を続けています。イスラーム国は弱体化しましたが、彼らに対する「テロとの戦い」でアメリカの支援を受けてきたクルド民族主義勢力も北東部や東部を支配下に置いています。国土は分断されたままなのです。

加えて、「国際問題化」の進行に伴って、介入を続けてきたアメリカは、イギリスやフランスとともにクルド民族主義勢力の支配地の各所に違法に基地を設置し、部隊を駐留させています。また、トルコはこのクルド民族主義勢力を「テロリスト」とみなし、自国の安全を守るという口実で北部の広範な地域を占領下においています。さらに、シリア政府を支援したロシア、イランも国内各所に部隊を展開させています。

分断と占領。今日のシリアが建国当初から直面してきた課題はかたちを変えて続いているのです。

そして、こうした状況ゆえに、難民・IDPsの帰還、そして復興は困難を極めています。優位を回復したシリア政府は、ロシアと連携して、難民・IDPsの帰還と復興を推し進めようとしています。その結果、ロシア国防省の発表によると、200万人以上の難民・IDPsが避難生活を終え、日常生活を取り戻しました。また、シリア政府の支配地域では、戦闘で破壊されたインフラの復旧が進められています。

しかし、西側諸国は、シリアの現状に抜本的な変化が生じない限りは、復興を支援しないとの立場をとっています。また、シリア国内には、難民の帰還に適切な環境が整っていないと主張し、シリア政府やロシアに協力しようとはしません。

ESCWA（国連西アジア経済社会委員会）は、断交状態にある西側諸国との関係改善が実現しなければ、シリアは2011年以前の経済状態にまで復興することはできないと試算しています。にもかかわらず、シリア政府とロシアは、その優位ゆえに、難民・IDPsの帰還と復興にとってもっとも重要な欧米諸国の企業誘致ができないままでいます。一方の西側諸国も、シリアの現状を変更する、つまりは体制を打倒して、自らにとって好ましい政治秩序を作り出す意志はありません。いずれの当事者も決定打を欠いたまま膠着状態が続き、事態打開の出口が見えないのが今のシリアなのです。

（文・青山弘之）

7章◎シリアのオタクコミュニティーアンケートから

立場が違う者同士もオタク同士なら仲間

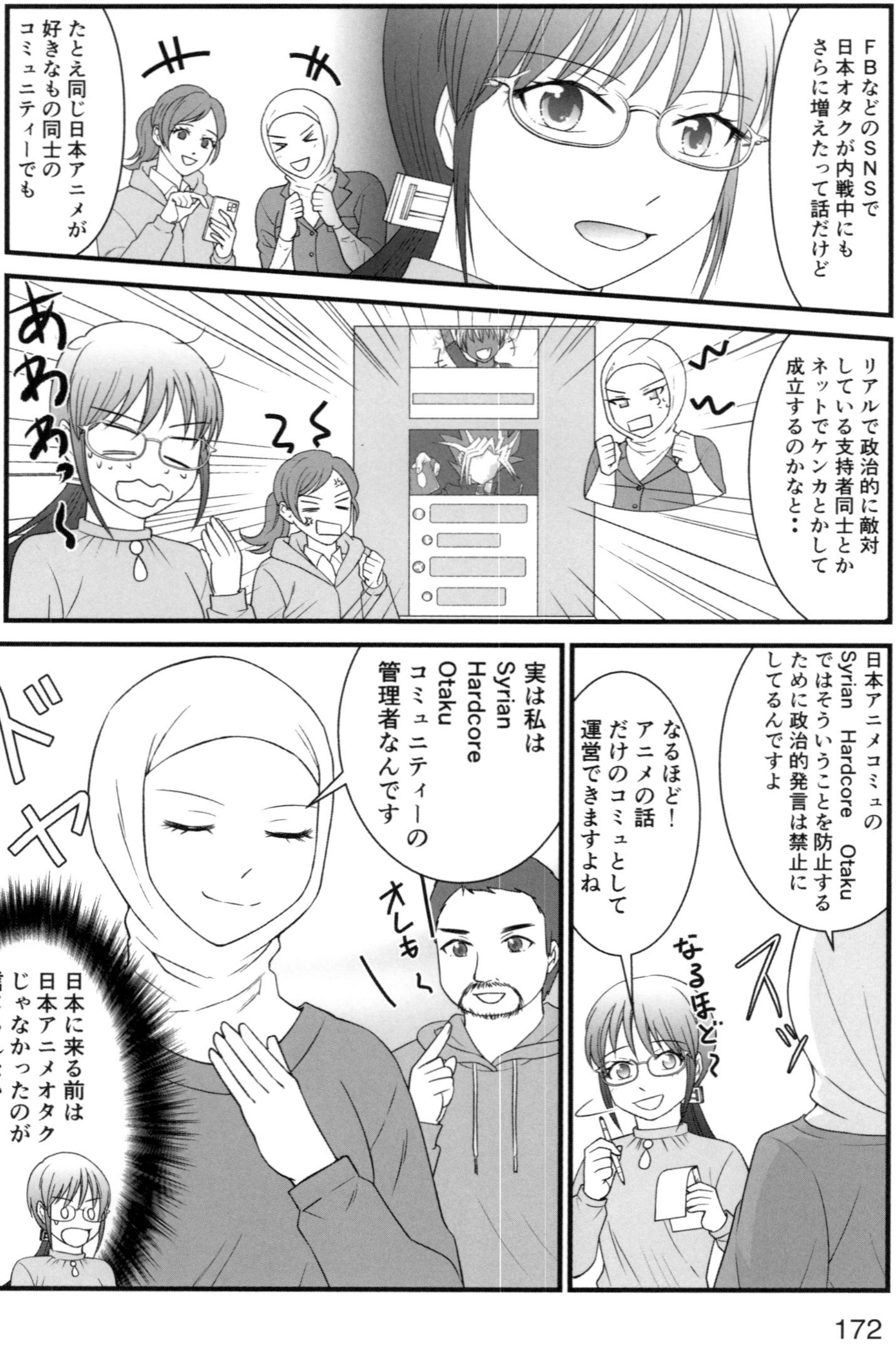
FBなどのSNSで日本オタクが内戦中にもさらに増えたって話だけど
たとえ同じ日本アニメが好きなもの同士のコミュニティーでも
リアルで政治的に敵対している支持者同士とかネットでケンカとかして成立するのかなと・・
あわわっ～
日本アニメコミュのSyrian Hardcore Otakuではそういうことを防止するために政治的発言は禁止にしてるんですよ
スッ
なるほど！アニメの話だけのコミュとして運営できますよね
なるほど～
実は私はSyrian Hardcore Otakuコミュニティーの管理者なんです
ドヤ
オレも～
日本に来る前は日本アニメオタクじゃなかったのが信じられない

私たちのコミュニティーでは
たとえ敵対している
支持者同士でも
あの組織はダメだ
なんでだよっ
どっち側とか
そういうの
関係なく
オレ達同じ
オタク仲間
キャ
キャ
このアニメいいよな
主人公カッコイイよなっ
同じ好きなアニメを
語るということで
日本アニメを
中心に交流してますよ
長いこと内戦でリアルで
色んな大変な目に
あってるし
敵対してる支持者同士が
ネット上で交流するのって
難しいのかなと思ったけど
日本のアニメや漫画が
そんな彼らの交流の
橋渡しをしているなんて
夢中になれる
もののパワーは
偉大だ！
せっかくなので
オタクコミュで色々
質問させてほしいです
どうぞ〜
キャ
キャ

シリアの国際展示イベントでオタクがあつまる

シリア国内で開かれる大規模イベントの一つに、毎年夏に開催される「ダマスカス国際見本市」があります。世界各国が自国の産品（工業製品から食品に至るまで）を展示する見本市ですが、ビジネス関係者向けというよりは、一般向けの「博覧会」という印象が強いです。内戦前は、約1ヵ月の開催期間中に100万人近くもの人々が来場していました。

2011年から2016年まで、「ダマスカス国際見本市」は中止となりました。ダマスカス郊外の見本市会場のすぐ近くが反体制武装勢力の支配地域となり、戦闘が頻発していたためです。2017年夏、郊外の反体制派支配地域の大半が政府軍に再制圧され治安が回復したため、7年ぶりに「ダマスカス国際見本市」が開催されました。

この時私は、妻の家族を訪問するためにダマスカスに滞在していました。その時、「ダマスカス国際見本市」に出展したある日本企業からの依頼を受け、この企業のブースの受付を数日間手伝うことになり、見本市初日のオープン数時間前に会場に向かいました。しかし、市内から会場に向かう道は来場者の車で大渋滞を起こしており、通常であれば20分程度で着く会場まで2時間近くを要しました。

初日だけで20万人近くが訪れ、日本の企業が珍しい（内戦前は、複数の日本企業が出展していました）こともあり、私が受付に立っていたブースには、物凄い数の人々が押し寄せました。老若男女あらゆる人々の訪問を受けましたが、「アニメのグッズは無いの?」と尋ねてくる若者が少なからずいることに気づきました。初日は来場者が多く、彼らから話を聞く機会がなかったのですが、数日後にやってきた大学生と話した時、「僕が参加しているダマスカスの『アニメオタク』のコミュニティーで、『日本企業がダマスカス国際見本市に出展し、アニメグッズを販売している』という噂が流れたので来てみたんだ」と聞き、驚きました。誰が噂を流したのかはわからずじまいでしたが、国営テレビが盛んに「日本企業も出展」と報じていたので、「日本＝アニメ」の印象を強く持つ誰かがそれに尾鰭を付けたのだろうと思います。「オタク」を名乗るシリア国内在住の人物に会ったのはこの時が初めてでした。

異世界転生ものも大人気の理由

質問その1
ツイッターで応募した質問！
異世界転生ものは日本では人気ですがシリアではどうですか？
仏教の死んだら転生する輪廻転生の概念から影響うけていて
仏教の宗教感が身近な日本人は不思議に思わないですが
一神教が多い地域のシリアなどでは死後は天国に行くので転生という概念があまりないのです
そういう意味で受け入れられないとかあるのかな
おもしろ〜い!!
異世界転生ものはシリアでも人気です！
異世界で生まれ変わるって設定はアラブ世界のフィクションには見られない発想でとても面白いという声がありましたね
逆に知られてない概念が新しい発想に見えるって考え方があるんだ

お米料理も豊富・日本アニメから知った日本の料理

次の質問は日本のアニメで知った食べ物！
キキ
カレーライスは食べたことあっておいしかったです！
焼きそば・ラーメンをまねて作ったことがあるけどおいしかった
フフ
スゴッ
作る猛者までいるとは！
このあたりの日本の料理は味が濃いので実際食べても受けがいい
しかしアニメでもよく出るおにぎりは
うま〜い
そこまでうまい？
食べたけどそんなにうまいとは思わなかったです
え？お米あるの？シリアに？パンばっかりかと・・・
ズッ
お米をあんまり食べてないからとかじゃない？
う〜ん
フフッ
シリアや他のアラブ地域でお米食べてるの？と疑問に思う方！ 実は！
アラブで米を食べてるイメージのない日本人の意見

パン(ホブス)という
ナンみたいな
パンがメインですが
「ルッズ・ビ・ラバン」
お米が入った
ミルクプリン
「マハシー」
ズッキーニや
ブドウの葉に
お米を詰めて
煮る料理
「マクルーベ」
ナスとお肉の
炊き込みご飯
「ルッズ・ビ・
シャアリーヤ」
お米に細かいパスタ
入れて炊くご飯
お米も毎日食べると言ってもいいぐらい食べていて米料理も豊富にあります!
普通に日本のように白いご飯として炊くこともありますが
ギー(澄ましバター)
米
塩
お湯
アラブ(シリアも)地域ではお米に塩と油を入れて炊くレシピが多いです
味がない!
なんだコレ!!
日本の炊き方のように水だけで炊かないのでそのお米を食べなれてない人にはいまいち受けがよくないのです
アラブ料理にはこの塩と油の入ったご飯がよく合います
その地域にあったおかずや食べ方ってあるんですよね!
おいしい〜

日本のアニメで知った日本語で好きな言葉やアニメの影響で流行ってる日本語！
挨拶系
はじめまして
おかえりなさい
人物をさす言葉
貴様
おれ
彼女
ジャンプのアニメが人気なのでこのあたりの言葉はその辺の影響かも
セリフの切り返しで使う言葉
なに
そうか
どうする
オオッ
シーンでキャラが感情的になってる時に使うセリフですがこんなさりげない言葉が選ばれててビックリ！
もちろん王道な
正義
んィ〜ん
少々キツイ言葉だけどキャラ同士対立する時によく使う言葉
帰れ
バカ
キツイ言葉は短い発音でインパクト残りやすいってのもあるのかも

「つづく」は人気の言葉ですね！
え？なんで⁇
アニメの最後にこの言葉あると次の話があるからですよ！
つづく
まだこのアニメ続きがあるんだってうれしいからです
ズぅ!!
そんなところまで見てるとは！
最近のアニメはないのが多いのでさみしいですね
一昔前だと必ず入ってたもんねぇ
日本人とは違った視点でアニメを見ていることもあってシリア人オタクによって逆に日本アニメの色んな側面が新たに発見できて面白い
ありがとうございます
どういたしましてー

8章◎戦火の中のオタク活動

戦火の中のオタク活動苦労話

戦火のなかのオタク活動で困ってることを具体的に聞いてみました！
SHO
EDIT
SYRIAN Hardcore Otaku >
まずはシリアオタクコミュの人にアンケート！
アニメグッズをシリアで手に入れるのが困難
フィギュア入荷ないー
うう〜
内戦で外から色んな物が入りくいアニメグッズも例外ではない！
このシーンの続きいつみれるのか・・・
ピタッ
ネットは使えるが回線速度遅い
ええ！いいシーンだったのに！停電めぇ
プツン
停電も頻繁にあるのでそのたびにルーターが使えない
動画の視聴で通信費がかさむ!!
うわぁぁ〜
物流の停滞と停電は生活の死活問題ですがオタク活動も当然死活問題!!

住んでる地域(ダマスカス)の治安は回復してるのですが
きてない!
燃料不足でバスの本数が限られたりして
オタク同士集まるのが難しいのが辛いです
ぐぅ〜
でもネットでやり取りもしてるよね?オタク同士の集まりって何するの?
?
アニメを一緒に見たり語り合ったりします!
なんと
!!!
日本だとネットのみの付き合いで数年やり取りするオタク友達も多いし
今度みてみる〜!!
いいよ〜
アニメも情報を勧めて一人で見る感じですが
ゲームもスマフォゲームは人気ないですねだってみんなで一緒にできないじゃないですか
オタク活動に文化の違いがあるとは思わなかった!

アニメを見て心が救われるシーン

内戦になってから日本アニメオタクが増えた理由を探るべく
戦闘が激化して生活が大変だった時に日本のアニメを見て救われた話もアンケート取りました！
強敵が改心し味方につく話
カンちがいするなよ
お前…!?
一度敗れたキャラクターが劣勢を挽回する
こうなったらみせてあげる!!!
強い絆で結ばれた仲間たちの活躍
戦闘が激化してる時はこういう内容は勇気もらえたりするよね
リアルでも起きてほしい内容かも
寝返って主人公の味方になった敵が死ぬ時
裏切り者など要らぬわ!!
流血・暴力シーンをアニメの中で観ると逆にホッとする時があります
暴力シーンが好まれる現象はアニメでも「こういう世界に生きてるのは自分達だけでない」「キャラの方が自分達よりも酷い状況だ」と感じて
内戦中の暴力が日常化している彼らに安心感を与えてるのかも

実写のようなリアルな作画のアニメを観る時別世界にいるような気分になれる
ステキ
アラブ人が描く漫画やイラストでよくあるのが
舞台が日本の学校？キャラも日本人？
漫画の世界は日本なので！
どんな内容でも日本人が思う以上に現実味がなく
純粋に楽しめるのも日本アニメにハマる要因の一つかも
オタクコミュで色んな人と知り合いになれたのがよかったです
好きなものを通じて同士と出会える良さが一番だよね！
アニメオタに大学教授とか医者もいてびっくりしましたよ
そこは私もびっくりだよ！

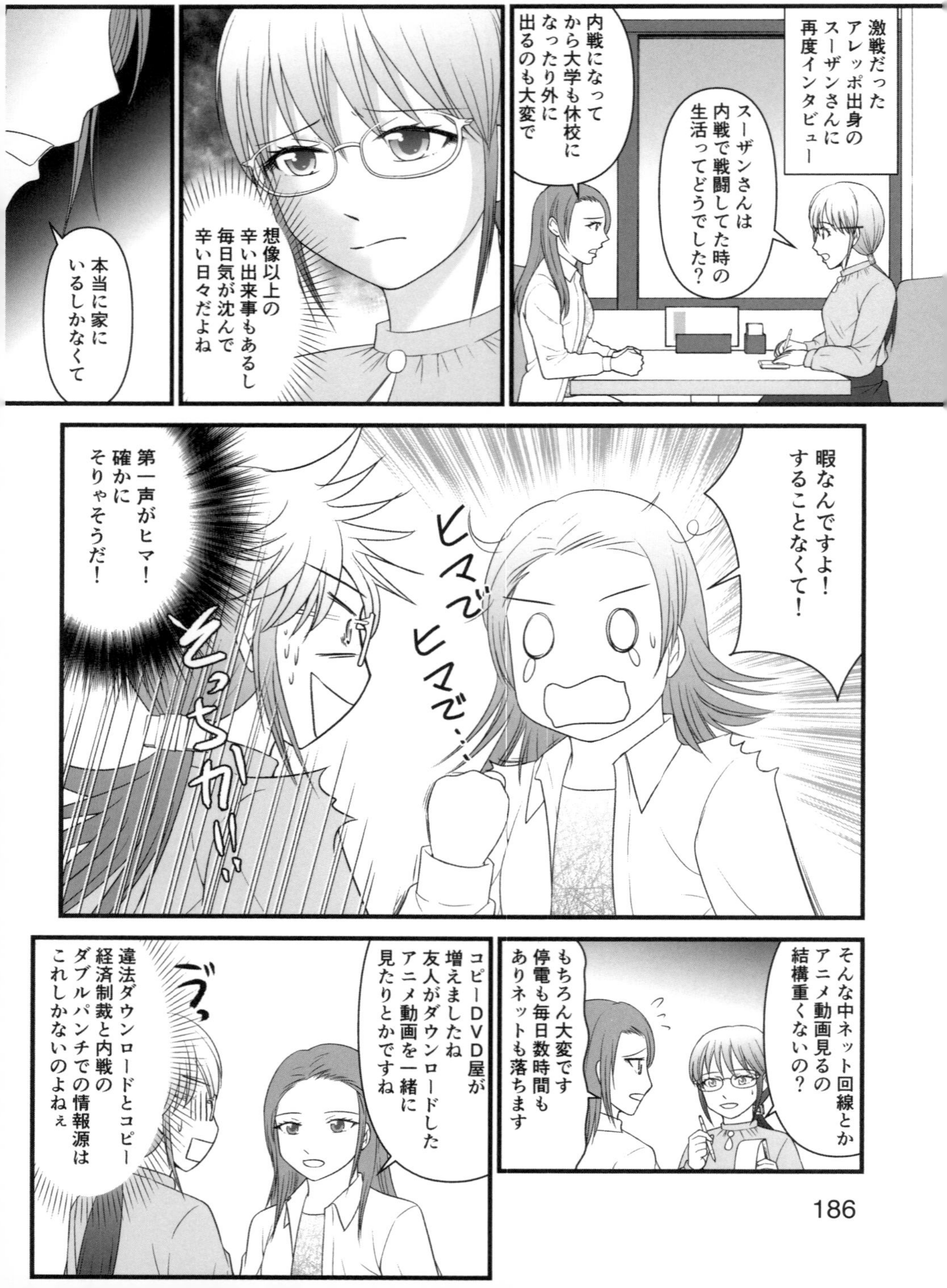
激戦だったアレッポ出身のスーザンさんに再度インタビュー
スーザンさんは内戦で戦闘してた時の生活ってどうでした?
内戦になってから大学も休校になったり外に出るのも大変で
想像以上の辛い出来事もあるし毎日気が沈んで辛い日々だよね
本当に家にいるしかなくて
暇なんですよ!することなくて!
ヒマでヒマで…
第一声がヒマ!確かにそりゃそうだ!
そっちか!!
そんな中ネット回線とかアニメ動画見るの結構重くないの?
もちろん大変です停電も毎日数時間もありネットも落ちます
コピーDVD屋が増えましたね友人がダウンロードしたアニメ動画を一緒に見たりとかですね
う
違法ダウンロードとコピー経済制裁と内戦のダブルパンチでの情報源はこれしかないのよねぇ

でもそんな苦労して観ないといけない日本アニメがどうして流行ったのですかね？
う〜〜ん
他の国や自国のドラマ映画もあるのに・・・
それは日本アニメならではの新しい価値観や発想が面白いんですよ！
もちろん面白い絵がかわいいもあるとは思うけど
発想や価値観がいいだなんて思いもよらなかった
いいんです〜
彼らをひきつけてやまない価値観って何だろう・・・

反政府派支配地域・イドリブのオタク

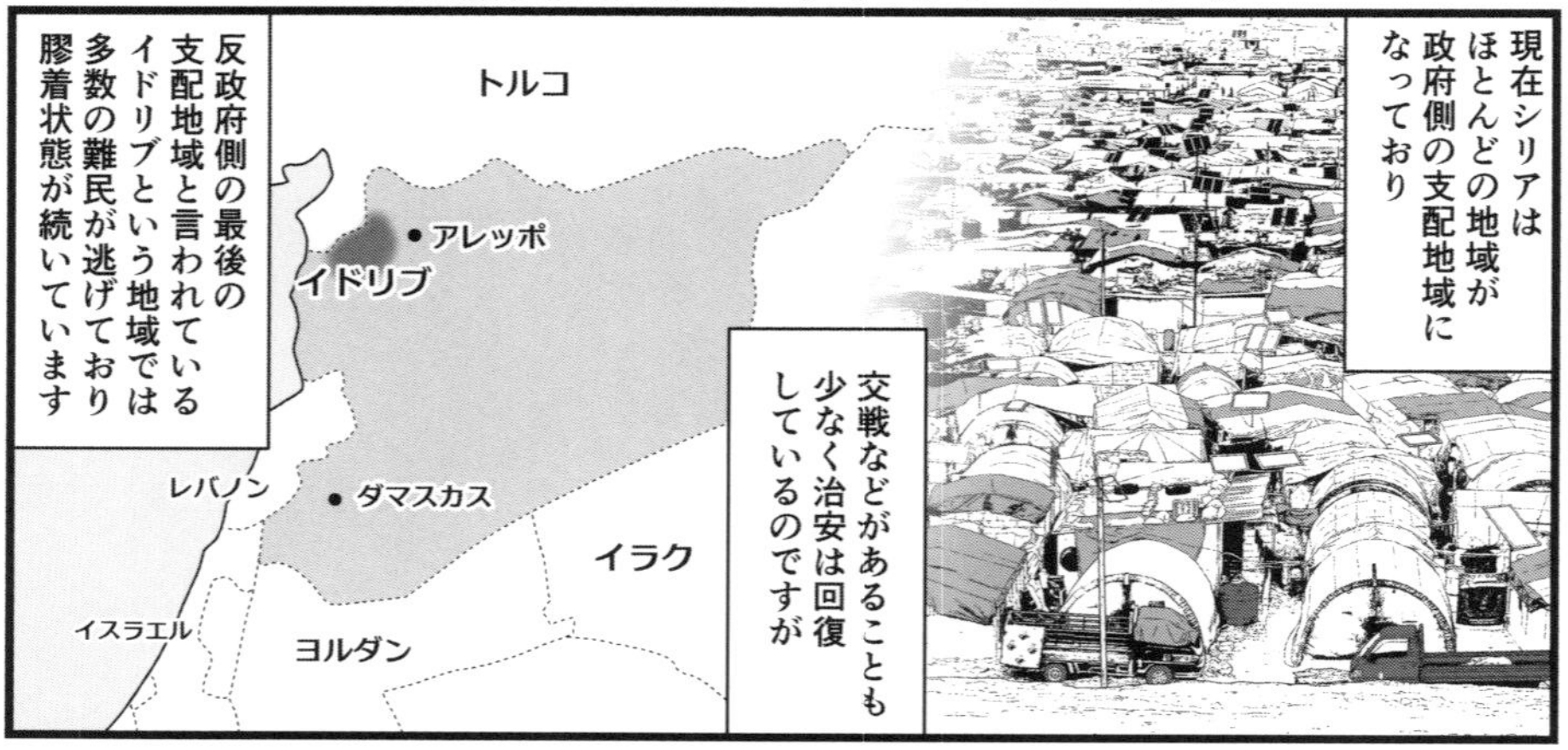
現在シリアはほとんどの地域が政府側の支配地域になっており
交戦などがあることも少なく治安は回復しているのですが
反政府側の最後の支配地域と言われているイドリブという地域では多数の難民が逃げており膠着状態が続いています
トルコ
アレッポ
イドリブ
レバノン
ダマスカス
イラク
イスラエル
ヨルダン

その地域に住んでるオタクとコンタクト取れるのでインタビューしましょう！
通訳お願いします！
現在進行形の本気の戦火の中のオタクだ！

はじめましてヌールです！
25歳で難民キャンプの人道支援のコーディネーターの仕事してます
よろしくでーす
通訳

一番好きなキャラは東京喰種※1のカネキですね!
どの辺がいいですか?
グロくてシビアな内容なのに戦争が今でも身近な人にとって辛くないのかな?
さまざまな恐ろしい体験や残忍な仕打ちをうけていても
平和と愛を見出すことができる
そんなカネキの姿に感動しました
戦争を経験した者として彼の姿に勇気づけられますね
逆に親近感があるのかも自分と似た心情のキャラが逆境に立ち向かう姿は勇気でるよね
アニメオタク活動で困ったことあります?
オタクの仲間達が戦闘によって避難してしまったり外出困難で会えないことですね

今の職場でオタクがいて一緒にフェイトをみました!
やっぱり趣味を共有できる仲間が近くにいるのはいいです!
本当にシリア人ってネットだけでなくリアルで集まってアニメ語らうの好きだよね
イドリブはいろんな組織や統治者が変わって大変じゃないですか?
そうですね いつまでこの戦争が続くのか先が見えないのがつらいです・・・
でも・・・
今イドリブを統治している勢力は人々の要望を聞き入れてくれます
このようなことは前の体制(アサド政権)下ではあり得ないことでした
大変な状況下でもいい方向に向かってるという声もあるのか
聞いてみないとわからないことってあるんだなぁ

反政府派支配地域・イドリブの暮らし

ヌールさんが暮らすイドリブ県は、シリアの北西部に位置しています。内戦の初期より、イドリブ県内では反体制デモや武装蜂起が頻発し、県内の複数の市町村が反体制武装勢力諸派に制圧される状態となっていましたが、2015年3月、県内各地の反体制諸派が団結し、県都イドリブ市を数日のうちに陥落させることに成功すると、県内のほぼ全域が反体制諸派の支配下となりました。

イドリブ県の西側は、約100㎞にわたりトルコと国境を接しています。従来あった国境検問所は全て反体制派の管理下となり、トルコ（政府として反体制派を支持・支援する立場にあった）からは、実効支配に必要なあらゆるモノ（武器から食糧に至るまで）が、陸路イドリブ県にもたらされました。やがてイドリブ県内では、トルコリラと米ドルが流通するようになり、トルコの通信事業者によって独自の通信網が整備され、トルコとの貿易で生計を立てる人々が増えていきました。

イドリブ県のほぼ全域が反体制派の支配下になった時期は、ちょうど欧米諸国やアラブ湾岸諸国が、シリア国内の反体制政治・武装勢力諸派に対する支援を削減または停止していった時期でした。シリア介入に否定的なトランプ米政権が発足すると、各国の反体制派支援削減・停止の動きはさらに加速し、シリア各地で欧米・アラブ諸国の支援を受け活動していた反体制諸派の劣勢・

敗北が相次ぎました。政府軍はこれらの反体制諸派に対し、投降するか、イドリブ県の反体制派支配地域に「移住」するかの選択肢を突きつけました。政府軍への投降を拒否した戦闘員、そして政府支配下での生活を望まない反体制派支配地域の住民らは、イドリブへの移住を選びました。こうしてイドリブ県には、国内各地の（旧）反体制派支配地域から数十万単位の人々が流入しました。アレッポ県出身のヌールさんもその一人でした。

イドリブ県内で最も有力な反体制武装勢力は、「シャーム解放機構」というイスラーム主義勢力です。「シャーム解放機構」は元々「ヌスラ戦線」という、アル＝カーイダに忠誠を誓う組織でしたが、２０１７年初頭にアル＝カーイダからの離脱を宣言、イドリブ県内の他の反体制諸派とともに「シャーム解放機構」を設立し、現在に至っています。「シャーム解放機構」は、自らはイドリブ県の統治に関与せず、世俗的な文民政府の形をとる「シリア救国政府」に統治を「委託」しています。ヌールさんが通っていたイドリブ大学は、「シリア救国政府・教育省」管轄下にあります。

２０１８年のトルコ、ロシア首脳の合意に基づき、イドリブ県の反体制派支配地域は「非戦闘地域」とされ、政府軍と反体制諸派との戦闘・攻撃が禁じられました。しかし「アル＝カーイダ系組織に対する攻撃は認める」とされているため、政府軍は「元アル＝カーイダ」である「シャーム解放機構」の拠点とみなした地域への砲撃・空爆を現在まで続けており（シリア駐留のロシア軍が空爆に参加するケースも多くあります）、多くの住民が死傷しているのが現状です。

難民支援のお仕事されてるということなので難民キャンプの暮らしについて教えてくださいまずはどういうところに住んでいるのですか？
テントに蓄電池の電源ですねご飯は配給のです
ネットとかあるのですか？
あるけどネット強くないです動画もみれますけど
日本アニメの動画は重いしバラバラなのでパッとみるのに適してなくて・・・
て
تفاحة
子供たちはショートの子供向け教育アニメ的なものを見てる事が多いと思います
衛星テレビのアニメチャンネルで気軽に見れた昔とくらべて
内戦前みたいにTVをつければ日本アニメが放映しているというわけではないので・・・
子供時代に日本アニメを見て育つという習慣がなくなりつつあります
未来のオタクがへる～
TVで気軽にアニメが見れる環境が一番オタクを育ててるのに次の世代のオタクが減少するかも

難民キャンプで
仕事がある人は
トルコのネット回線とか
契約して早い回線で
日本アニメの動画見る
事はできますね
？
仕事してる人も
いるんですね！
どんな仕事ですか？
日雇いみたいな
仕事が主ですね
困窮家庭支援なども
してるので難民といっても
キャンプで暮らしてる人
家を借りて暮らす人
仕事がある人ない人
さまざまです
先の見えない生活に
実は難民キャンプでは
自殺が多いんですよ
内戦前のシリアは自殺者の数は
非常に少ない国だったのに
それが多発してるなんて・・・
彼らの精神的・肉体的な
ダメージは図り知れない
日本のアニメは
楽しいのも
もちろんですが
リゼロ※2の
アニメで

命があれば未来がある
日本語!?
未来があれば希望がある
希望があれば可能性がある
可能性があれば
人は救われる
というセリフがあって本当にそうだなと思います
日本のアニメから人生の教訓として教わることは多いです

シリア人オタクに
色々取材して
日本の漫画やアニメって
ただ楽しいだけでなく
困難の中に生きる
彼らにとっての
希望の光でもあり
その光に救われて
いるのかもしれない
戦火の中に生きる彼らに
こそ日本アニメが
一番必要なものなのかも
オレ達同じ
オタク仲間！
これがシリア人がいう
日本アニメの最大の
魅力の正体なのかも
今後オタク活動
としてしたい
ことありますか？
実は今のご時世
だからダメと
言われたのですが・・・
情勢がおちついたら
イドリブの大学で
日本アニメクラブ
作りたいです！
ぜひ
つくってて

用語解説

※1 東京喰種

読み方は〝トーキョーグール〟。石田スイにより2011年から週刊ヤングジャンプにて連載されているホラー作品。2021年時点での全世界シリーズ累計発行部数は4700万部を突破しており、アニメ・ゲーム等に展開されている。

※2 リゼロ

正式名称は「Re:ゼロから始める異世界生活」。長月達平により2012年から小説投稿サイト「小説家になろう」にて連載されたライトノベル。異世界に転生した高校生ナツキの冒険を描き、アニメ・ゲーム等も展開されている。

シリア旅行で食べたシリア料理と食べ物

ブルグル(挽き割り小麦)に
羊肉や牛肉を詰めた揚げ団子
中にはギー(バターオイル)
も入っており熱で溶けた
ギーが肉汁みたいに出てくる

9章◎オタクの愛は海を越える

日本アニメ・漫画オタク繋がりでの奇跡の再会

日本で色んなシリア人にインタビューしてきたけど
そういえばシリア旅行で会った彼らはどうしてるんだろう
ダマスカスで会った漫画家志望のイヤードさんとはメールでやり取りして
今は アルゼンチン います～
彼は漫画家志望のイヤードさんです
私の描いた漫画見てください！
ダマスカスの人とはある程度その後は知ってるけど
アレッポ大学でのマンガのワークショップに参加した彼ら
ワークショップが縁でアレッポの町を1日案内してくれたナダーさんとか
みんな生きてるのかな
たとえ生きててももう2度と会う事はないだろうけど
彼らからも色々と話を聞きたかったな～
ピコン
スーザン
今度、お茶しましょう 会わせたい人がいます
まなる
ぜひ！会いたいです
スーザン
わーい
スーザンさんからの紹介？誰だろう？

言い損ねてたことがありまして実は私の妹なんですが
アレッポ案内したナダーです！覚えてますか？
私も実はアレッポでのマンガのワークショップ参加してたんですよ
なんだってぇ!!!
シリアのオタク事情を取材して
日本の流行りのアニメはシリアオタクの中でも流行ってます
日本とリアルタイムに同じアニメを見ているシリア人オタクの存在が
当たり前のことだけど同じ時代・同じ世界に生きてる彼らを実感し
ネットって物理的な距離や時差すらも飛び越えて同じものが共有できるってほんとすごい
次の日
日本
シリア
そんな彼らからアニメや漫画はタダの娯楽で楽しいだけではなく

内戦中の彼らに日本のアニメや漫画が立場の違う者同士の交流を提供してたり
オレ達同じオタク仲間
どっち側とかそういうの関係なく
日本アニメを中心に交流してますよ
おもしろ〜い!!
異世界転生ものはシリアでも人気です！
新しい価値観を提供し彼らの大きな心の支えになってて
実写のようなリアルな作画のアニメを観る時別世界にいるような気分になれる
ステキ
アニメや漫画は実はすごい力を持っているということを知った
それは日本アニメならでは新しい価値観や発想が面白いんですよ！
日本のアニメから人生の教訓として教わることは多いです
色んな意味で遠い存在のシリア人だからこそ気づけたこの力
スーザンからマナルさんの話を聞いてあの時アレッポ案内した人だと思って
まさか！二度と会えないと思ってた人たちとまた会えるなんて
今度は私が案内するからぜひ関西に遊びに来て！
ぜひっ
もしかしたらアニメや漫画は奇跡をおこす力もあるのかも

遠く離れたシリアの地から日本を愛する人々

カタール航空など湾岸アラブ諸国の航空会社が日本に乗り入れる前、日本からシリアへの道のりは長かったです。私が初めてシリアを訪問した時は、イギリス、レバノン経由でした。乗り継ぎが悪い便を選んでしまったこともあり、東京からダマスカスまで2日近くかかりました。ダマスカス空港から市内に向かうバスを終点で降りると、目の前に荒涼としたカシオン山が聳えていました。ようやくダマスカスに着いたという感慨に浸ることができたのはわずか数秒、バスの到着を待ち構えていた4、5人のタクシー運転手達に取り囲まれてしまいました。「どのホテルに行く？　俺の車に乗れ」と、私の荷物を奪い合う運転手達。どうにか一番年配で、穏やかそうな運転手を選び、予約していたホテルへと出発しました。

ちょうど朝のラッシュ時で、市内の道は渋滞気味でクラクションの渦。歩行者は気ままに道路を横断し、タクシーはそのたびに急停車、急発進を繰りかえし、中東の交通事情に慣れていなかった私は冷や汗をかいていました。

「私の車はミツビシだ。とてもいい車だ。だから日本人のあなたには、特別料金の50ポンド（当時のレートで約130円）でホテルに連れて行ってあげるのだ」と運転手氏。慌ただしく乗ったので気づかなかったのですが、確かにこのタクシーは1970年代後半の三菱車（ミラージュ）でした。ホテルの玄関前に到着し、「よい滞在を」と微笑んで去っていった運転手氏。彼の言う「特別料金」が、実は相場の3倍近い値段だったと翌日知ることになるのですが……日本から遠く離れたダマスカスに1人降り立ち、右も左も分からない身としては、三菱のタクシーに出くわしたことで、少し安心感を与えられたような気がしたのです。

それから数日後、滞在先のホテルのロビーで、支配人や従業員達と世間話をしていた時、従業員の1人が「あれは、君の国のアニメではないのか?」と、ロビーのテレビを指さしました。その古ぼけた大型テレビは、カラーになったり、時々白黒になったりと調子が悪かったのですが、画面に映し出されていたのは、紛れもなく「釣りキチ三平」だったのです。この時の驚きは今も忘れられません。確かに、昔放映された日本のアニメだと答えると、その従業員は「シリアには、日本製品が多く輸入されている。この国で日本人に会う機会は少ないが、日本のモノはけっこう身近にあるんだよ」と教えてくれました。

それから10年以上が経った2016年のことです。シリア国内では、所謂「イスラミックステート」が勢力を失いつつあり、日本のメディアではシリア関連の報道が少なくなっていましたが、首都ダマスカス近郊を含む国内各地では、政府軍と反体制武装勢力諸派との間では激しい戦闘が続いていました。不安定な状況の中、シリア国内在住のオタク達の中にも、国外に移住、または密航する人が相次ぎました。

「『なないにゃ』が尊い……」フェイスブック上で、ラタキア（シリア北西部）出身のオタク、エリヤースさんのコメントを見つけたのは、その年の夏でした。彼は、当時日本国内で放映が始まって間もない「ラブライブ! サンシャイン!!」を観始めたことで、出演している声優さん達にも興味がわき、彼女達が出演する関連番組（おそらく「Aqours浦の星女学院生放送!!!」）を何処かで視聴したことで、諏訪ななかさん（松浦果南役）と鈴木愛奈さん（小原鞠莉役）のカップリング、所謂「ななあいにゃ」を知るに至ったようでした。シリア国内の少数のオタク達が、「ラブライブ！　サンシャイン!!」に関心を持ち始めていることは聞き及んでいましたが、「中の人」のカップリングにハマっているオタクがいるとまでは想像していませんでした。

後で本人から聞いたのですが、エリヤースさんは「ラブライブ！」第一作以来のファンだったそうで、ある時フェイスブックにこう綴ったことがありました。

「第一作では、μ'sの皆と一緒に笑い、一緒に泣いた……何だか、日本で高校生活を送ることができたような気がした。だから、最終章である劇場版（注：『ラブライブ！ The School Idol Movie』）は観ないことにした。『最終章を観なくてどうする』と笑われるだろうが、観なければμ'sの皆にお別れを言わずに済むから……」

日本に住む多くの人々にとって、シリアが「遠く離れた戦乱の地」となる中で、シリアには「ラブライブ！」に対してこれほど熱い想いを抱いている人がいると知ったとき、私はこれまで出会ったシリアの人々……日本製品や日本のアニメを通して日本の文化や技術に興味を持ち、敬意と親愛の情を抱いていた人々のことを色々と思い出し、胸が一杯になりました。

シリアの内戦は、開始から11年を経た今も続いており、ニュースによって伝わるシリアに関する情報が、戦闘、爆撃、様々な政治勢力や関係国間の駆け引き、疲弊した国民生活など、殺伐としたものに偏るのは致し方ないことなのかもしれません。しかし、制裁下の政府支配地域、戦闘・

砲撃に晒される反体制派支配地域の双方に、日本のアニメを愛し、来季放映されるアニメの新シリーズを観ることを励みに、今日を生きるオタク達がいることを、心に留め置いていただければ幸甚です。

マクルーベ

シリア旅行で食べたシリア料理と食べ物

ナスと肉の炊き込みご飯
シリアの家庭料理で具材は
各家庭いろいろあります
私が食べたのは羊肉とナス
に、上に焼いたナッツが
のっていました

天川まなる（てんかわ・まなる）［マンガ］

大阪府在住。漫画家。アラブ文化エッセイ漫画を中心に活動。漫画家アシスタントシェアグループPASS代表。漫画講師。アラビア語、アラビア書道、イスラーム全般を勉強中。イスラーム圏のシリア、エジプト、マレーシア、ブルネイなど漫画ワークショップの経験あり。長年の漫画家アシスタント技術を生かし、中田考との共著『ハサン中田考のマンガでわかるイスラーム入門』（サイゾー）、『俺の妹がカリフなわけがない!』（晶文社）がある。

條支ヤーセル（じょうし・やーせる）［文］

東京都在住。中央大学卒業。同大学在学中、シリアの国立ダマスカス大学（文学部アラビア語学科）に留学。卒業後に再びシリアに渡り、ダマスカスに8年間居住。日本とアラブ諸国間の貿易業のほか、日本のメディアの取材コーディネート、リサーチ、通訳業務を担当。現在は東京に居を移し、アラブ諸国との間を往来。

青山弘之（あおやま・ひろゆき）［監修］

1968年生まれ。東京外国語大学卒業。一橋大学大学院にて博士号取得。東京外国語大学総合国際学研究院教授。1995〜97、99〜2001年にシリアに滞在。ダマスカス・フランス・アラブ研究所（現フランス中東研究所）共同研究員、JETROアジア経済研究所研究員などを経て現職。専門は現代東アラブ政治、思想、歴史。著書『シリア情勢』（岩波書店）、『膠着するシリア』（東京外国語大学出版会）、『ロシアとシリア』（岩波書店）などがある。またウェブサイト「シリア・アラブの春顛末記」（http://syriaarabspring.info/）を運営。

戦火《せんか》の中《なか》のオタクたち

2023年1月30日　初版

著者　天川まなる、條支ヤーセル

監修者　青山弘之

発行者　株式会社晶文社

〒101-0051
東京都千代田区神田神保町1-11
電話　03-3518-4940（代表）・4942（編集）
URL http://www.shobunsha.co.jp

印刷・製本　中央精版印刷株式会社

ISBN978-4-7949-7347-4 Printed in Japan

好評発売中

俺の妹がカリフなわけがない　中田考・天川まなる（マンガ）

超グローバルエリート親子が牛耳るカースト制高校を舞台に、カリフ制再興を唱える天馬愛紗とその双子の兄・垂葉、剣術の達人衣織、理事長の御曹司の無碍、萌え心くすぐる美少女メクなどが繰り広げる、夢と冒険の胸キュン学園ドラマ。はたしてカリフは東方の地・日本に現れるのか? 前代未聞のカリフ・ライトノベル。

イスラームの論理と倫理　中田考・飯山陽

かたや男性・イスラーム法学者にしてイスラム教徒＝中田考。かたや女性・イスラム思想研究者にして非イスラム教徒＝飯山陽。ともにイスラームを専門としつつも、立場を異にする二者が交わす書簡。IS、トルコ・クルド問題、イラン情勢、コロナ禍の影響……誰も教えてくれなかった、イスラーム世界の真実をめぐる、火花を散らす対話の記録。

エジプトの空の下　飯山陽

１歳になったばかりの娘を連れて、夫とともに「アラブの春」の只中にエジプトの首都カイロに降り立った著者。そこで体験した強烈な出来事、危険な事件の数々。「アラブの春」の渦中、独裁政権が倒れたあとの波乱万丈の日々を、持ち前のタフなメンタリティで生き延びた日本人女性イスラム研究者の日常を描く、ノンフィクション・エッセイ。

宗教対立がわかると「世界史」がかわる　島田裕巳

世界の歩みも、国際情勢の「なぜ？」も、背景を読むカギは「宗教対立」にある。ロシアによるウクライナ侵攻の背景、急激にイスラム化が進む欧州で起きていること、宗教とテロの関係史、多神教は寛容で一神教は排他的なのか……。グローバル化がすすんだ今、世界史と日本は切り離せない。「宗教対立」を入口に、新たな世界史の見方を提示。

しょぼい生活革命　内田樹・矢内東紀・中田考

ほんとうに新しいものは、いつも思いがけないところからやってくる！　仕事、結婚、家族、教育、福祉、共同体…私たちをとりまく「あたりまえ」を刷新する、新しくも懐かしい生活実践の提案。世界を変えるには、まず自分の生活を変えること。熟達の武道家から若き起業家へ、世代を越えて渡す「生き方革命」のバトン。

異教の隣人　釈徹宗・細川貂々・毎日新聞取材班

異国にルーツを持つ人たちは、どんな神様を信じて、どんな生活習慣で、どんなお祈りをしているのか？ イスラム教、ユダヤ教、ヒンドゥー教からコプト正教まで、気鋭の宗教学者がさまざまな信仰の現場を訪ね歩いて考えたルポ。読めば「異教徒」もご近所さんに。毎日新聞大阪本社版で大好評の連載を加筆のうえ単行本化。

図解 はじめて学ぶ みんなの政治　国分良成 監修

イギリス発、世界14ヵ国で人気の子どもから大人まで楽しめる政治入門書の決定版。厳選されたテーマごとに、古今東西のさまざまな政治や社会のしくみ、それにまつわる面白いエピソードを、豊富なイラストでいきいきと解説。日本の教科書には載っていないトリビアもいっぱいで、子どもから大人まで楽しめる政治入門書の決定版。